MELVIN MORSE
con PAUL PERRY

DONDE DIOS HABITA

Cómo nuestros cerebros
están unidos al universo

EDICIONES OBELISCO

Si este libro le ha interesado y desea que le mantengamos informado de
nuestras publicaciones, escríbanos indicándonos qué temas son de su interés
(Astrología, Autoayuda, Ciencias Ocultas, Artes Marciales, Naturismo,
Espiritualidad, Tradición...) y gustosamente le complaceremos.

Puede consultar nuestro catálogo en www.edicionesobelisco.com

Colección Nueva Consciencia
DONDE DIOS HABITA
Melvin Morse, M. D., con *Paul Perry*

1.ª edición: noviembre del 2006

Título original: *Where God Lives*

Traducción: *Andrés Guijarro Araque*
Maquetación: *Natàlia Campillo*
Corrección: *Andreu Moreno*
Diseño de cubierta: *Enrique Ibora*

© 2000, Melvin Morse, M.D., y Paul Perry
(Reservados todos los derechos)
© 2006, Ediciones Obelisco, S.L.
(Reservados los derechos para la presente edición)

Edita: Ediciones Obelisco, S.L.
Pere IV, 78 (Edif. Pedro IV) 3.ª planta 5.ª puerta.
08005 Barcelona - España
Tel. 93 309 85 25 - Fax 93 309 85 23
E-mail: obelisco@edicionesobelisco.com

Paracas, 59, C1275AFA Buenos Aires - Argentina
Tel. +54(011)4305-0633 - Fax: +54(011)4304-7820

ISBN: 84-9777-323-3
Depósito Legal: B-45.760-2006

Printed in Spain

Impreso en España en los talleres gráficos de Romanyà/Valls, S.A.
Verdaguer, 1 - 08076 Capellades (Barcelona)

A *Trish*
MELVIN MORSE

A toda la gente maravillosa que ha colaborado
con nosotros en la elaboración de nuestros libros,
aportando sus ideas, cartas e historias.
Os damos las gracias
PAUL PERRY

AGRADECIMIENTOS

Este libro está dedicado a mi enfermera, Trish. El tema principal del libro quedó fijado a lo largo de docenas de horas de discusión, principalmente durante los partidos de béisbol de los Mariners.

Trish aportó valiosas apreciaciones sobre la tradición religiosa cristiana, sirvió de contrapunto espiritual a mis intentos científicos de entender la naturaleza de Dios y me ayudó a comprender las consecuencias religiosas de mis teorías.

También quiero dar las gracias a nuestra nutricionista, Joanne Motzingo, que me animó a correr y que fue lo suficientemente amable como para aminorar su marcha con el fin de animar a un novato como yo. Me enseñó la importancia de hacer tres sesiones de quince saltos como el mejor calentamiento espiritual y físico para cualquier actividad atlética. Su propia vida es una prueba de mis teorías.

Paul Perry tomó las setecientas u ochocientas caóticas, desorganizadas y confusas páginas de material que le envié y las transformó en la máquina bien engrasada que es este libro. Posiblemente soy la única persona que entiende su genial capacidad para tomar complejos problemas científicos y transformarlos en algo sencillo. Éste es el cuarto libro que escribimos juntos y es, sin lugar a dudas, el mejor.

Quiero dar las gracias a mi editora, Diane Reverand, por su paciencia y su fe en este libro y, por extensión, en mis teorías y en mi persona.

Agradezco a mi agente, Nat Sobel, por su paciencia «más allá del deber». De no haber sido por él, este libro no habría visto la luz.

Quiero dar las gracias de forma especial a Robert Bigelow y a los científicos del Instituto Nacional de Descubrimientos Científicos. Formar parte del mayor grupo de pensamiento de estudios de la consciencia de toda la nación me permitió acceder a los mejores físicos teóricos, astrofísicos, cosmólogos, biólogos moleculares e investigadores de la consciencia de todo el país. Gran parte del material de este libro se desarrolló en los trayectos en furgoneta hacia y desde las reuniones del Instituto.

Quiero agradecer especialmente a Colm Kelleher, a John y Victoria Alexander y a Alina Caro. El equipo de mi oficina ha tenido que resignarse a los cientos de llamadas telefónicas sobre mi investigación, que nada tenían que ver con mi práctica médica cotidiana. Quiero dar las gracias a Tini por sus extraordinarias habilidades planificadoras y en el uso del fax, así como a Jolene Meade, que lleva mi web y me mantiene organizado.

Mis ingresos proceden de la práctica privada de la medicina. Como estos ingresos provienen de mis pacientes, no tengo que padecer la presión que supone tener que seguir la corriente a los comités de permanencia ni soportar el irracional escepticismo que a menudo se puede encontrar en el mundo académico. Cualquier contribución que haya hecho a la comprensión de la consciencia humana ha tenido lugar gracias a que mis pacientes me han confiado la salud de sus hijos. Soy, antes que nada, pediatra.

No podría haber escrito este libro sin el apoyo de mi familia: mi esposa, Allison, y mis hijos, Bridget, Colleen, Brett, Cody y Michaela.

Mi madre, Gertrude Morse, despertó mi interés por los estudios de experiencias próximas a la muerte (EPM) presentándome a Bruce Greyson, reconocido como el padre de la investigación de experiencias próximas a la muerte. Bruce ha sido mi mentor y mi inspiración.

Finalmente, quiero dar las gracias a los niños que han contribuido a mi investigación y mis estudios. Ellos son mi fuente de inspiración. Me siento muy honrado de que hayan sido capaces de compartir sus historias conmigo. El «picnic próximo a la muerte» que aparece en este libro está basado en una serie de picnics celebrados anualmente en mi granja de caballos en Maple Valley, Washington. Este libro está inspirado directamente en aquellos encuentros con esos extraordinarios chicos.

ORACIONES SENCILLAS, RESULTADOS COMPLEJOS

> Un milagro no es la ruptura de las leyes naturales, ni tampoco un fenómeno que tiene lugar fuera de ellas. El milagro consiste en una ley que resulta incomprensible y desconocida para nosotros y, por tanto, milagrosa.
>
> GURDJEFF

En 1997, varios neurólogos de la Universidad de California, en San Diego proclamaron con valentía que habían encontrado una zona en el cerebro humano que, según sus palabras, «podría estar especialmente concebida para oír la voz del Cielo». En una investigación especialmente diseñada, hallaron que ciertas partes del cerebro (el lóbulo temporal derecho, para ser exactos) estaban relacionadas con las ideas acerca del Ser Supremo y las experiencias místicas. Llamaron a esta zona «el módulo de Dios», añadiendo que se trataba de un «mecanismo dedicado a la religión».

Esta investigación provocó un gran revuelo entre algunos científicos. Uno de ellos, Craig Kinsley, neurólogo en la Universidad de Richmond, Virginia, llegó a decir: «Hay un dilema acerca de si la mente ha creado a Dios o de si Dios ha creado a la mente. Esto va a conmocionar a la gente».

Sé a lo que se refería. En tres de mis anteriores libros ya he identificado el lóbulo temporal derecho como el lugar en el que el hombre conecta con Dios. Esta zona, que yo llamo «el punto de Dios», es un área de inexplorado e ilimitado potencial, donde Dios habita en cada uno de nosotros. Esta zona es la que contribuye materialmente a la curación física y anímica y es responsable de las visiones espirituales, así como de los poderes psíquicos y de las experiencias místicas. En resumen: el lóbulo temporal derecho es lo que nos permite interactuar con el universo.

Aunque las experiencias próximas a la muerte, o EPM, representan lo que se cree es nuestra comunicación e interacción final con el universo, esto no puede estar más lejos de la verdad. Las EPM son sencillamente experiencias espirituales que tienen lugar cuando estamos muriendo. Lo que aprendemos al estudiar las EPM es que tenemos el potencial biológico para interactuar con el universo en cualquier momento a lo largo de nuestras vidas. Para hacer esto, sólo tenemos que saber cómo activar el lóbulo temporal derecho, el lugar en el que Dios habita.

Como pediatra en activo con un interés por este tipo de experiencias, he podido ver lo que ocurre cuando esta zona se activa en niños que han experimentado EPM. También he podido comprobar el efecto de esta experiencia en los niños, a lo largo de los años posteriores a sus encuentros con la muerte. No sólo son más equilibrados en sus existencias físicas y psíquicas, sino que también lo son espiritualmente. Prefieren comida más sana, van mejor en la escuela y son más maduros que el resto de sus compañeros. Son conscientes de la existencia de una conexión con el universo que la mayoría de los otros niños ignora por completo. Sienten que la vida tiene un sentido y no tienen miedo de que la muerte sea «el final de todo». Confían en sus intuiciones y sienten que pueden conectarse de nuevo con la presencia divina que contemplaron cuando estuvieron a punto de morir, *sin tener que morir de nuevo*.

«Una vez que has visto la luz al otro lado –me dijo una de mis jóvenes pacientes–, puedes verla de nuevo si lo intentas. Siempre está ahí para ti.»

¿Dónde está?

Que nadie busque el «punto de Dios» en un libro de anatomía. La ciencia médica moderna no reconoce oficialmente esa área del cerebro o ninguna otra, como «el punto de Dios». De hecho, los libros de texto de neurología describen la función del lóbulo temporal derecho como la de esa parte del cerebro encargada de procesar e interpretar recuerdos y emociones. En este trabajo vamos a demostrar cómo el lóbulo temporal derecho funciona como un «área paranormal» poseedora de habilidades como la sanación física y psíquica, la telepatía y las habilidades para comunicarse con Dios. Dado que esas habilidades son de naturaleza paranormal, su existencia es por tanto algo bastante polémico. De esto se deriva la falta de reconocimiento oficial por parte de la clase médica del «punto de Dios» o de nada parecido.

¿Cómo es esto posible? ¿Cómo hemos podido ignorar durante cientos de años algo tan importante como la habilidad de interactuar con Dios? La respuesta más sencilla podría ser que nos encontramos en la Edad Media espiritual y que debemos evolucionar para salir de ella. La historia de la humanidad está llena de este tipo de puntos negros intelectuales. Los chinos, por ejemplo, inventaron la brújula, pero no la usaron para viajar, sino para alinear sus casas geográficamente, por razones de naturaleza espiritual. Los mayas inventaron la rueda, pero sólo la usaban para los juguetes de sus hijos. Tuvieron que transcurrir muchos años para que otras culturas descubrieran otros usos para estos inventos, y, con ellos, cambiaran el curso de la historia. Aún pasará mucho tiempo hasta que la ciencia médica occidental reconozca que una zona del cerebro interactúa con el universo, a pesar de todas las investigaciones realizadas por respetables instituciones. Incluso aunque los médicos actúan cada día usando su intuición en su práctica médica, la mayoría considera que la conexión «cuerpo-mente» es más un concepto que una realidad. Con lo que ¿un «punto de Dios»? Imposible.

Yo era uno de ellos

Por supuesto, puedo entender por qué la mayoría de los médicos occidentales no reconocen el «punto de Dios» como un área anatómica. Después de todo, yo estudié medicina en la Universidad John Hopkins, uno de los principales bastiones de los estudios médicos en Estados Unidos. Si cualquiera de los que estudiábamos allí hubiéramos siquiera considerado proponer algo tan nebuloso y tan fuera de toda corriente oficial de pensamiento como un área del cerebro que interactuara con Dios, no hubiéramos sido tomados en serio.

Mi estricta formación médica me condujo a negar la existencia de una zona en el cerebro con tales características. Incluso cuando empecé a estudiar las experiencias próximas a la muerte, centrándome en las entrevistas que realizaba a cientos de niños que habían estado a punto de morir, tuve problemas para creer todo lo que estaba oyendo. Entrevisté a niños que habían abandonado sus cuerpos inertes sobre la mesa de las salas de emergencia, y que se habían dirigido, «flotando», hasta la sala de espera, para visitar a sus preocupados familiares. Más tarde, fueron capaces de describir conversaciones y escenas de las que no pudieron haber sido testigos en su estado comatoso. Sin embargo, tenía problemas para aceptar la realidad de las experiencias próximas a la muerte, principalmente porque mi estricta formación científica me hacía desconfiar de cualquier suceso inexplicable. Yo era como alguien que lee libros sobre cómo sobrevivir en la naturaleza salvaje pero que jamás ha salido de acampada para poner en práctica esas habilidades.

Entonces, un día, vi la luz. Me encontraba hablando con un grupo de técnicos en electroencefalografía, la gente que maneja las máquinas con las que se supervisa la actividad cerebral de los enfermos, cuando uno de ellos preguntó: «¿Cómo podemos estimular el lóbulo temporal derecho?». Le empecé a dar una respuesta técnica, hablándole de un neurólogo que usaba electricidad para estimular esa parte del cerebro de forma artificial. Me interrumpió con impaciencia en medio de mi respuesta: «No, me refiero a cómo podemos hacerlo de forma natural». Me encogí de hombros y le respondí con lo primero que se me vino a la cabeza: «Creo que eso es lo que hace la gente cuando reza».

Un sorbo de mi propia medicina

Nunca pensé en intentar yo mismo ese método de estimulación del lóbulo temporal derecho tan practicado a lo largo de tiempo y que recibe el nombre de «oración». Yo era como la mayoría de los médicos, que rara vez se aplican el remedio que ellos mismos prescriben. Lo mantenía a distancia, usándolo para explicar mi trabajo, pero nunca lo puse en práctica en mi vida privada. Puedo decir honestamente que jamás había rezado verdaderamente hasta que cumplí los cuarenta.

Decidí realizar un acto de fe en unas circunstancias que fueron casi un desafío. Éste tuvo lugar durante la gira promocional de mi tercer libro, *Últimas visiones*. Las giras promocionales de libros se desarrollan a un ritmo frenético, y los autores a menudo se ven obligados a correr de una entrevista a otra. El ritmo es controlado de forma inmisericorde por un acompañante perteneciente a los medios de comunicación, especializado en conducir a los autores de entrevista en entrevista. Es una experiencia mentalmente alienante, en la que se contesta a las mismas preguntas una y otra vez, tratando de resumir un tema tan complejo como el de las visiones espirituales en tres o seis minutos, o en el escaso tiempo disponible antes de dar paso a la siguiente pausa comercial. Las giras de promoción de un libro son una dura obligación, pero para mí tienen un valor más allá del hecho mismo de la promoción. Me permiten la posibilidad de comprobar de primera mano qué piensa la gente de mi investigación.

Una de esas oportunidades tuvo lugar en el Medio Oeste, donde me recogió en el aeropuerto una acompañante cuyo marido había muerto recientemente de cáncer. Era uno de esos días en los que nada parece salir bien. Varias emisoras de radio habían cancelado sus entrevistas conmigo y me encontré con que no tenía nada más que hacer que pasar el rato con mi acompañante.

Era una mujer profundamente religiosa, y no tenía ninguna duda acerca de la existencia de una vida tras la muerte. Según me dijo, su marido, durante la fase terminal de su enfermedad, había tenido visiones espirituales de otra vida, y ella había visto en esas visiones una confirmación de su fe. Guardaba como un tesoro esos últimos momentos de la vida de su marido, y los recordaba sin temor alguno. «¿Cómo nos conectamos con Dios?», me preguntó. Le expliqué mi teoría sobre el «punto de Dios» y cómo me había dado cuenta de que éste podía «activarse» de varias formas diferentes, aparte de la experiencia próxima a la muerte o de la muerte misma. Le mencioné una serie de estudios en los que el lóbulo temporal derecho se había estimulado y, como resultado, se habían producido experiencias espirituales. También le comenté que la «verdadera oración» podía «activarlo», pero que en realidad no estaba seguro de lo que era la verdadera oración.

—Debes saber lo que es, –me dijo–. ¿Nunca has rezado?

Tuve que contestar, honradamente, que nunca lo había hecho. Recé cuando mi padre tuvo cáncer, pero creo que más bien fue una forma de expresar un estado de ansiedad extrema. Incluso cuando de niño asistía a la Escuela Hebrea, las oraciones que recitábamos no me parecían más que cánticos de antiguas escrituras, desprovistas de sentido.

No tuve problema alguno en adoptar la ciencia como un tipo de religión. Aunque gran parte de mi trabajo de alguna forma exigía actos de fe, no dejaban de ser actos calculados, respaldados por estudios científicos que convertían el «salto al vacío» de la fe en saltos muy cortos y seguros. Pero le dije que la religión estaba al otro lado de un abismo demasiado ancho como para poder saltarlo.

—Es posible, –me contestó–. Pero no te he preguntado si eras religioso. Te he preguntado si habías rezado alguna vez. ¿No crees que la oración y la religión puedan ser dos cosas diferentes?

Le contesté que nunca había pensado que fueran dos cosas que pudieran separarse, pero que había visto cómo oración y religión podían ser usadas, juntas o separadas, como una puerta de acceso a la espiritualidad. También le mencioné que la religión se había usado a menudo como un medio de control más que como un medio para liberar el espíritu.

—No pienses sobre todo el mal que se ha producido como resultado de la religión, –me dijo–. Piensa sólo en el Creador del universo y en intentar alcanzar ese poder. Arrodíllate y háblale a Dios. Si lo haces bien, puede que Él te responda.

Me reí y le dije:

—Bien, quizá lo intente.

—Prométeme que lo harás esta noche, –insistió.

—Bien, –prometí–. Lo intentaré esta noche.

Promesa cumplida, pregunta respondida

Más tarde, esa misma noche, hice lo que había prometido. Me arrodillé a los pies de mi cama. Lo cierto es que no me sentí tan estúpido como había pensado. Pensé con amor en cada uno de mis hijos, riéndome con sus ocurrencias, y le di las gracias a Dios por habérmelos dado. Pensé en mi esposa y en lo afortunado que era por tener a mi lado a alguien que comprendiera y aceptara mi entrega a la práctica de la medicina. Recé por la salud de mis pacientes y para tener la capacidad de ayudarles. Y entonces decidí hacer la pregunta. Le pregunté a Dios: «¿Cuál es la naturaleza de Dios y cuál es la relación entre Él y el hombre?».

Sé que mi oración puede parecer artificial, pero estaba actuando de forma completamente sincera. Por fin, esa noche había rezado de forma sincera y abierta durante aproximadamente cinco minutos. Seguí la fórmula que me había trazado mi acompañante: unos minutos dándole las gracias a Dios por sus bendiciones, unos minutos rezando por los demás, y al final mi pregunta.

Para hacer mi experimento más científico, incluí en la oración la condición siguiente: debería obtener la respuesta en un plazo de veinticuatro horas. De ese modo ésta sería clara y precisa, y no tendría que especular durante los días siguientes si los acontecimientos que tuvieran lugar durante todo este tiempo pudieran interpretarse como la respuesta que Dios daba a mi pregunta.

A la mañana siguiente me levanté temprano y volé a Los Ángeles, donde me esperaba una apretada agenda de apariciones en radio y televisión. A mediodía ya me había olvidado completamente de mi experimento con la oración. Cuando llegué al hotel esa tarde, exhausto, obtuve mi respuesta. Me encontraba lleno de energía contenida y caminaba de un lado a otro de mi habitación. De pronto, me vi rodeado de una increíble luz que me proporcionaba una sensación de paz, calma y amor.

En seguida me di cuenta de lo que se trataba. El suave pitido que llevaba oyendo durante todo el día dentro de mi oído, como consecuencia de haber estado apretando los músculos de las mandíbulas durante toda la jornada, había desaparecido. De hecho, habían desaparecido todos los sonidos. Tenía la impresión de encontrarme sumergido en una especie de miel cálida y dulcísima. Podía sentirla en mi piel con la misma intensidad con la que la sentía en mi corazón y en mi cerebro.

Me sentía completamente en paz, rodeado de amor. De pronto lo supe todo, y sentí que, si formulaba mi pregunta, conocería la respuesta de forma inmediata. Oí mi pregunta de nuevo, en el interior de mi cabeza: «¿Cuál es la naturaleza de Dios y cuál es la relación entre Dios y el hombre?».

Comprendí que el hombre, al igual que todo lo demás en el universo, es una parte de Dios. Igual que cada copo de nieve contiene minúsculas representaciones de todo el copo, igual que cada cadena de ADN humano contiene el código para crear un ser humano único, todos nosotros somos pequeños fragmentos de Dios.

La sensación de estar expuesto a esa luz universal fue como la de lanzarse desde lo más alto y darse un panzazo contra el agua. Todo mi cuerpo experimentó un dolor intensísimo y cualquier otro sentimiento o sensación desaparecieron por completo. En medio de un flash cegador, comprendí que era un cuerpo dentro de un alma, y no al contrario.

Todo esto lo experimenté en un instante, pero un instante que parecía no acabar nunca. Durante años había estudiado este tipo de experiencias en otras personas, pero hasta ese momento jamás había vivido una yo mismo.

Una epifanía tal no se ha vuelto a repetir, aunque he rezado muchas veces desde entonces. Pero fue suficiente con que sucediera una vez, porque ahora sé que puedo comunicarme con Dios en momentos de necesidad, una creencia compartida por la práctica totalidad de las religiones. Confío en que esta experiencia esté de nuevo ahí, para mí, si algún día vuelvo a tener necesidad de ella.

El mínimo aceptable

Mi trabajo con niños que han experimentado EPM y mi propia experiencia espiritual me han aportado algunas valiosas enseñanzas que puede que yo no siga siempre, pero que están siempre presentes en mi vida: mi mujer y mis hijos son los más importantes regalos de mi vida, el amor es el vínculo que une a la humanidad y hay pocas cosas por las que realmente merezca la pena preocuparse.

No quiero describirme como un santo. Aún grito a mis hijos al final de un largo fin de semana, cuando todo el mundo está cansado. Todavía puedo ser insensible a veces, ver demasiado la televisión, no prestar atención a mi mujer y comportarme en el trabajo de forma poco amable. Pero también me doy cuenta de que todo en la vida es breve y precioso. «Sólo tenemos unos minutos, -ha dicho Billy Graham-.* El gran misterio de la vida es lo corta que es.»

El breve despertar de mi lóbulo temporal derecho me ha llevado a confiar en el resto de sus habilidades: telepatía, visión remota y sanación del cuerpo y de la mente. He aprendido a confiar en mis instintos y a ver la intuición como una herramienta implantada biológicamente en nuestro cerebro.

Después de quince años escuchando a niños describir qué ocurrió cuando murieron, he aprendido que lo que les sucedió a ellos en los que estuvieron a punto de ser sus últimos momentos en esta existencia, puede sucedernos a cualquiera de nosotros, en cualquier momento a lo largo de nuestras vidas. Las experiencias nos demuestran que tenemos una gran área del cerebro, el lóbulo temporal derecho, que permanece infrautilizado. Es un hecho científico demostrado, como vamos a ver a lo largo de este libro, que cuando esta área funciona plenamente, recibimos intuiciones sobre el significado de la vida, y una presentación «personal» de Dios.

Para la mayoría de nosotros, la búsqueda de la espiritualidad es como aquel hombre que buscaba fuego llevando una vela encendida. Tenía durante todo el tiempo el fuego ante él, pero él

---

* Famoso predicador norteamericano. *(N. del T.)*

buscaba siempre más allá. A menudo ignoramos las intuiciones y las visiones que proceden de nuestro lóbulo temporal derecho. No nos fiamos de ellas, o no podemos creer que la respuesta a nuestros problemas pueda ser tan sencilla.

Como el lector va a descubrir en este libro, el lóbulo temporal derecho nos está enviando intuiciones sobre la vida durante todo el tiempo. El reto consiste en aprender a escuchar esa voz interior, y a distinguir entre las intuiciones que provienen de él y la cacofonía de voces y sentimientos que llenan nuestro cerebro de forma desordenada. Esto me recuerda lo que me contó una niña, como parte de la narración de los detalles de su EPM. Me dijo que, en su experiencia, llegó a un «lugar de luz» donde había un hombrecillo frenético que era la viva imagen de la frustración. Cuando ella le preguntó la razón por la que se encontraba en ese estado, el hombrecillo le respondió: «No paran de pedirme respuestas, y yo no paro de enviárselas, pero nunca parecen estar escuchando».

Aprender a escuchar

Este libro trata de aprender a escuchar nuestra voz interior. Es una voz cuya existencia todos conocemos. Ese sistema interior de guía nos dice quiénes somos y adónde vamos. Es nuestra conexión con lo divino. Es la luz divina contemplada por muchos de los que han experimentado EPM. Un niño que estuvo a punto de fallecer a causa de meningitis bacteriana lo describió así: «La luz me dijo quién era y adónde me dirigía».

Por supuesto, ninguno de nosotros quiere esperar a su muerte para saber quién es y adónde se dirige. Necesitamos conectar ya de forma urgente con esa luz. Y podemos hacerlo. El lector de este libro podrá descubrir que la luz espiritual está a su disposición a lo largo de toda su vida. Experimentarlo es más fácil de lo que piensas. Sólo tienes que desearlo.

1

El *PICNIC* DE LAS EXPERIENCIAS
PRÓXIMAS A LA MUERTE

Fue estupendo ver de nuevo a los chicos y chicas que habían participado en mi investigación inicial sobre las experiencias próximas a la muerte en niños. Sus historias aparecieron por vez primera hace siete años en *Más cerca de la luz*, quince tras mi encuentro con Katie, la jovencita cuya extraordinaria historia me condujo a esta investigación. Al verles de nuevo, no podía creer cuánto habían crecido y cambiado, pero eso es lo que pasa siempre con los niños, ¿verdad?

Habían estado llegando a lo largo de toda la tarde con sus familias para visitarnos a mi mujer y a mí. Teníamos el lugar perfecto para hacer un *picnic*: un gran espacio abierto para jugar, caballos para montar, un estanque, un establo para explorar y una gran extensión de terreno que recorrer. Ésa fue una de las muchas meriendas que organizaríamos para esos niños que habían cruzado el umbral de la muerte y habían sobrevivido para poder contar sus milagrosas historias. Esos *picnics* eran una oportunidad para ponernos al día y pasárnoslo bien, pero lo más importante es que suponían una oportunidad privilegiada para comprobar cómo las EPM que habían experimentado siendo niños habían determinado lo que eran hoy en día.

Si he de tener en cuenta lo que podido ver y oír hasta el día de hoy, estos jovencitos son bien diferentes de sus compañeros de edades similares. No sólo porque ellos han estado a punto de morir, sino por las percepciones y puntos de vista realmente únicos que sus EPM les han proporcionado.

Los límites comúnmente percibidos de crecimiento personal y potencial parecen no existir para ellos. Poseen unas naturalezas intuitivas y empáticas que les ponen en contacto con aspectos de nuestro mundo acerca de los que muchos de nosotros sólo podemos soñar. Sus EPM les han proporcionado, por ejemplo, una gran variedad de habilidades inusuales tales como la telepatía o el poder de percibir el futuro.

Pero también se distinguen de los demás por otras razones más evidentes. Son un grupo sólido y estable. Todos han evitado caer en los agujeros negros en los que se han precipitado muchos a su edad. De este grupo de treinta chicos y chicas, ninguna de las chicas ha quedado embarazada, ni ninguno se ha enganchado a las drogas o al alcohol. Todos son ganadores, cada uno en su estilo.

Podemos aprender una lección de estos niños, una lección que incluso aquellos que nunca hayan tenido una EPM pueden apreciar. Se trata de una lección de unión mística con el universo. A menudo me han expresado ideas como: «He aprendido que todos estamos conectados», o: «He aprendido que todo es importante», o: «Veo el resplandor de esa luz por todas partes». Estos niños describen exactamente lo mismo que los místicos presentes en todas las sociedades a lo largo de la historia de la humanidad.

Esta toma de conciencia es algo enormemente alentador. No sólo nos dice que la experiencia mística transforma a la gente, sino que además representa un cambio en el modo de pensar, un cambio de paradigma en lo que respecta al fin de la vida y a sus implicaciones.

El científico y escritor James Burke ha descrito muchos de estos cambios de paradigma en la consciencia humana a lo largo de miles de años. Burke señala que los cambios tienen lugar gracias al descubrimiento de nuevos datos sobre la realidad que resultan imposibles de explicar desde el viejo punto de vista.

Estos nuevos hechos, a menudo descubiertos por pura casualidad o serendipia, conducen a una tensión en la que el viejo orden es defendido con uñas y dientes por una moribunda generación de científicos y filósofos en la medida en que van emergiendo las nuevas ideas. El cambio nunca es fácil, y rara vez es bien recibido por aquellos que se sienten cómodos con lo conocido o en puestos de poder.

La ciencia del cambio

Los científicos no se encuentran libres de ese tipo de prejuicios, incluso si el cambio es parte del importante proceso del progreso científico. Tomemos el caso del obstetra vienés Ignaz Philipp Semmelweis, que en 1861 demostró de forma incontestable que las mujeres morían de fiebres puerperales porque los médicos no se lavaban las manos entre las autopsias y los alumbramientos. Al no existir una «teoría de los gérmenes», no veían razón alguna para tener que hacerlo. Las ideas de Semmelweis acerca de la existencia de agentes patógenos invisibles hicieron reír a los científicos biempensantes de la época. Tuvieron que pasar aún cincuenta años para que se difundiera el hábito de lavarse las manos. Fue necesaria la invención del microscopio, la teoría de los gérmenes de Lister y, finalmente, una generación de jóvenes científicos, antes de que el lavado de las manos se convirtiera en el procedimiento común. Esta nueva generación era capaz de observar los datos clínicos de forma objetiva: las mujeres que eran atendidas por médicos que se habían lavado las manos obtenían mejores resultados que aquellos que no lo habían hecho. La consecuencia fue un cambio en la práctica clínica.

Uno de los ejemplos más recientes de un descubrimiento que ha cambiado la medicina, ha sido el hallazgo en los años noventa de la bacteria común causante de la mayoría de los casos de úlcera. Esta dolencia se asoció durante muchos años a los niveles altos de estrés. Este descubrimiento, que al principio no tuvo una buena aceptación por parte de la mayoría de los médicos, ha cambiado completamente el tratamiento de las úlceras. Ahora la mayoría de los casos de úlcera se tratan de forma rápida y eficaz con antibióticos, en lugar de recurrir a la cirugía, a los antiácidos o a cambios en la dieta, que no resultaban eficaces.

En resumen: un cambio de paradigma se produce sólo cuando la vieja teoría ya no puede explicar los nuevos datos científicos. De este modo, los nuevos hechos sólo pueden ser comprendidos y aceptados una vez que existe una teoría científica y un marco en la que situarla.

En el siglo XVIII los campesinos franceses contaban cómo veían rocas que caían del cielo. Incluso aunque esos fenómenos estaban bien documentados, fue necesario que la teoría científica progresara lo suficiente para comprender el movimiento planetario alrededor del Sol y la gravedad, para que los científicos aceptaran que los meteoritos eran algo real.

Lo mismo sucedió con los testimonios sobre esferas luminosas, relegados también al rango de alucinaciones o histeria colectiva, aunque existían testimonios transmitidos por observadores tan fiables como los pilotos de aviones. Hasta que los físicos teóricos progresaron lo suficiente como para explicar el fenómeno, no tuvo ninguna aceptación entre la comunidad científica.

Lo mismo sucedió con los estudios sobre las EPM que yo llevaba a cabo en el Hospital Infantil de Seattle. Recogí información de niños que habían estado a punto de morir y que compartían conmigo sus observaciones y encuentros en el momento de morir. Sus experiencias tenían muchos elementos comunes: una sensación de abandonar sus cuerpos físicos, el hecho de tener contacto con una consciencia incluso cuando sus cuerpos físicos estaban clínicamente muertos, así como un encuentro con un ser omnisciente y amoroso que la mayoría de los niños llamaron «Dios». También experimentaban la sensación de una luz cegadora, así como encuentros y conversaciones con familiares ya fallecidos.

La experiencia en sí misma trasciende lo que solemos considerar como tiempo ordinario. De hecho, parece ser algo intemporal. Cuando aquellos que la han experimentado retornan a la realidad que todos conocemos, traen consigo información y habilidades nuevas. Algunos de ellos incluso han llegado a convertirse en millonarios gracias a los inventos y patentes que han desarrollado a partir de la información obtenida en ese estado intemporal y generador de conocimientos.

Otros invierten los extraordinarios dones que han obtenido en ayudar a los demás a comprender que la muerte no es algo a lo que se deba tener miedo, sino más bien una experiencia sagrada que debe abrazarse cuando llega el momento.

Una de las participantes en mi estudio, por ejemplo, presente en el *picnic*, comparte su don haciendo retratos de los más pequeños. De niña, había hecho cientos de dibujos de su EPM, a menudo utilizando diferentes materiales o colores, y a veces dibujando la misma escena una y otra vez. En la parte inferior del dibujo, aparecía siendo examinada por los médicos, entre los que se encontraba mi compañero, el doctor David Christopher. El dibujo es tan detallado que podría provenir de un libro de texto sobre resucitación cardíaca. Incluso se puede apreciar la correcta posición de las manos del médico sobre su pecho. Al mismo tiempo, ella se representa flotando fuera de su cuerpo, al encuentro de Jesús y de los ángeles, y contemplando una luz que le decía «quién era y adónde iba a ir».

Diez años después, apenas tiene nada que decir sobre la experiencia, aunque su fascinación por el dibujo es la prueba de que continúa presente en su vida. A menudo lleva sus trabajos a los hospitales para mostrárselos a los niños que están a punto de morir. «Es algo que puedo devolver, –explica–. Ayuda a los niños y a sus padres a entender la experiencia por la que van a pasar. Creo que aminora su miedo y les da algo de esperanza.»

Aunque nunca habla de sí misma, me han contado que posee una inexplicable habilidad para ayudar a los niños a afrontar la muerte. Como otros niños de mi estudio, parece tener una comprensión inherente del vínculo entre la mente y el cuerpo.

Traspasar el tiempo y el espacio

Katie saltó la verja del corral y vino hasta mí. «Esto es estupendo, –me dijo–. «Es increíble que todo el mundo esté aquí.» Y añadió: «¿Sabes que he estado pensando mucho en ti últimamente, recordando la primera vez que hablamos? ¡Tú te acuerdas?».

¿Cómo podría haberlo olvidado? Mi primer encuentro con Katie fue hace quince años, cuando ella tenía nueve. Se la encontraron flotando boca abajo en una piscina, y nadie sabía cuánto tiempo llevaba inconsciente. Yo era pediatra interno en una pequeña ciudad de Idaho cuando ayudé a reanimarla. Era uno de los casos más graves que había presenciado hasta entonces, y estaba seguro de que moriría. Pero no murió. De hecho, se recuperó completamente, y en mis sucesivas visitas, me recuerdo atónito ante ella. Sus ojos revelaban una inteligencia que no había disminuido por la privación de oxígeno en el cerebro que suele provocar el ahogamiento. A pesar de que permaneció inconsciente durante todo el tiempo en que permaneció en la sala de emergencias, pudo relatar con los más vívidos detalles el tratamiento que recibió y a las personas que se lo administraban. Cuando le pregunté acerca de lo que recordaba del tiempo durante el que permaneció en el fondo de la piscina, me dijo: «¿Quieres decir, cuando visité al Padre Celestial y a Jesús?».

Esa respuesta, junto con el resto de recuerdos que Katie compartió conmigo a lo largo de visitas posteriores, cambió para siempre mi forma de entender la enfermedad y la muerte.

Katie me relató cómo se desplazó por un túnel, donde fue recibida por un ser brillante, y cómo visitó a sus padres en su casa, concentrados en sus actividades cotidianas, lo que coincide con lo que efectivamente estaba sucediendo mientras ella permanecía inconsciente. Hizo amigos en ese otro mundo y, desde luego, disfrutó de su estancia allí. Después, volvió con su familia para crecer y convertirse en la encantadora mujercita que tenía enfrente.

—Por supuesto que recuerdo la primera vez que nos vimos -le dije-. ¿Cuánto recuerdas de aquello?

—Oh, recuerdo todo, cada pequeño detalle. Y hay imágenes que están siempre conmigo, -me confesó-. Mi vida es más rica gracias a aquello, y cada día trato de compartir esa riqueza con mi familia y mis amigos. Hay mucho trabajo que hacer en este mundo. No puedo malgastar ni un minuto.

La actitud de Katie es típica entre estos jóvenes. Fue transformada por esa experiencia y demuestra esa transformación en su habilidad para sentir los campos energéticos de los demás.

Muchos de los niños de mi estudio tienen la habilidad de traspasar de forma natural los límites comúnmente aceptados del tiempo y el espacio. Algunos han contado haber tenido encuentros con apariciones (fantasmas o ángeles, si queremos llamarlas así), y haber conversado con ellas.

Otros, como Darren, continúan teniendo lo que yo llamo «visiones prenatales». Cuando tenía seis años, se le diagnosticó un neuroblastoma (un tipo de cáncer), con un pronóstico muy malo. Pronóstico que Darren no compartía. Tuvo una visión en la que el tumor desaparecía, y hasta hizo un dibujo en el que aparecía él mismo sin el tumor. Desde aquel día, empezó a remitir. Hoy es un verdadero cómico, siempre a gusto y cómodo con cualquiera, niños o adultos. Usa su don para guiar a los otros, proporcionándoles orientación y apoyo. Nadie en el *picnic* podría sospechar que el joven que estaba esparciendo heno en el suelo para la carrera de la tarde estaba estudiando para ser sacerdote y esperaba dedicarse un día a trabajar en hospicios.

La misma espiritualidad está presente en Andrew, otro de mis pacientes de EPM, que en ese momento me ayudaba con la barbacoa. Allí, entre el carbón incandescente y el humo, me hablaba de su trabajo como terapeuta físico y entrenador en las ligas menores. Buscaba este tipo de actividades en las que pudiera ayudar, decía, a causa de la EPM que había experimentado cuando era un niño.

—Cuando usted y yo hablábamos acerca de lo que recordaba de cuando estuve a punto de morir, creía que se trataba de la cosa más normal del mundo. Pero sólo era un niño cuando sucedió, y no sabía nada. No me daba cuenta de que se trataba de algo que iba a guiarme durante el resto de mi vida -me dijo.

La experiencia de Andrew es única, ya que tenía sólo nueve meses de edad cuando tuvo lugar. Padeció un paro cardíaco y se vio flotando sobre su cuerpo, desde donde voló a la sala de espera. Allí pudo ver a sus abuelos llorando. Recorrió un largo y oscuro túnel, guiado por una mano invisible. Cuando llegó a su destino, recorrió unos campos acompañado por Dios. El recuerdo de esas imágenes se ha ido oscureciendo, pero no la convicción de que tiene una importante labor que desempeñar en esta existencia.

—Esa experiencia me cambió, haciéndome diferente a los demás -me dijo-. Desde el primer recuerdo al que puedo remontarme en mi memoria, he tenido un objetivo en la vida. Estoy guiado por esa luz y por lo que me mostró.

Estos chicos y chicas provienen de todos los niveles sociales. Los hay ricos y pobres, de diferentes grupos étnicos y de distintas religiones. Un de ellos, hace quince años, tras sufrir un ataque cardíaco, abrió los ojos inmediatamente y, mirándome, me dijo: «Doctor Morse, tengo que contarle un secreto maravilloso. He estado subiendo las escaleras del cielo». Aunque ya no recuerda nada de aquello, hoy en día es un joven lleno de energía cuya intuición y creatividad le han diferenciado claramente del resto de sus compañeros en el colegio. Ha olvidado la imagen de la escalera del cielo, pero es evidente que todavía es capaz de ascender a grandes alturas.

Aquellos que pueden recordar, me dicen que aquella experiencia tuvo un significado claro. Una niña me dijo: «Aprendí que la vida es para vivirla, y que la luz siempre estaría conmigo». Ése es el tipo de cambio de perspectiva vital que mucha gente está esperando a lo largo de toda su vida. Hoy, esa niña escucha a los demás con gran empatía y resuelve los problemas de forma natural. Ayudó a organizar un partido de béisbol para niños y eligió la posición de *catcher*, situada tras los tiradores del equipo contrario, para poder animarles.

En el debate en torno a las EPM, todo el mundo está de acuerdo en que, en sí misma, la experiencia es real. Tiene el inconfundible, inefable perfume de la realidad. Para muchos de los que han pasado por la experiencia, no hay debate alguno; *res ipsa loquitur*: la cosa habla por sí misma.

Sin embargo, con el paso del tiempo, y al convertirse estos niños y niñas en pequeños adultos, han comenzado a cuestionar su propia memoria y han acudido a preguntarme: «¿Aquello fue real?». La pregunta constituye todo un desafío, pues la prueba reside fuera del alcance de nuestra consciencia. Quizá la mejor respuesta sea un comentario que hizo el doctor William Wommack, uno de mis críticos más severos en el Hospital Infantil de Seattle: «No es la experiencia en sí lo que es real o no. Lo que es real es la transformación».

Mientras observaba a Marla jugar, recordaba su caso. Ella entró a formar parte de mi estudio por haber sobrevivido a un coma Glasgow nivel tres, un nivel normalmente asociado a una muerte segura. No recuerda que estuvo a punto de morir ahogada, pero su padre sí. Él y un amigo se sumergieron varias veces en el lago para rescatarla. El cielo estaba cubierto y el agua era tan turbia que no podían ver nada. Finalmente, en su último intento, la vieron. Estaba iluminada por una luz interior que les guió hacia ella. Esa luz ha continuado brillando en su interior hasta el día de hoy.

Bob, su padre, y yo nos sentamos juntos bajo la sombra de un enorme arce a verla jugar. «¡Muévete hacia ella, muévete hacia ella!», le gritaba Jim a Marla, que acababa de arrojar la pelota a la primera base. «Esta niña puede jugar –me dijo–. Tiene energía y ambición, pero nada de malicia. ¿Te he contado que está enseñando a leer a niños pequeños?» No me sorprendió lo más mínimo.

Conectados a la vida

Hay muchas más preguntas que respuestas en torno a las EPM. Lo que sabemos es que el lugar donde tienen lugar esas experiencias, el lugar del cerebro humano en el que se manifiestan, es el lóbulo temporal derecho.

Pocas cosas relacionadas con el cerebro pueden ser localizadas en un punto concreto de este órgano. El cerebro es tan flexible y extraordinario que duplica sus habilidades en varias áreas diferentes. La memoria y las habilidades que se cree que residen en la mitad izquierda del cerebro, donde lo hacen las habilidades del lenguaje, también pueden existir en el lado derecho. Cuando digo que Dios y el Cielo pueden ser percibidos a través de nuestro lóbulo temporal derecho, también incluyo otras estructuras profundas estrechamente relacionadas con él. Específicamente, éstas incluyen el hipocampo y otras estructuras límbicas del lóbulo relacionadas, todas las cuales desempeñan una función en el control de la memoria y las emociones.

Hace cien años, los investigadores empezaron a trazar el plano de las funciones de cada una de las partes del cerebro. Sus investigaciones demostraron que nuestro lóbulo temporal derecho, además de ayudar a oír, oler y saborear, también es capaz de experimentar percepciones místicas de Dios y otras realidades espirituales, principalmente la de percibir esta realidad desde un punto de vista exterior al cuerpo, es decir, la llamada «experiencia fuera del cuerpo».

Hacia el final del siglo XIX, los anatomistas observaron que los pacientes que padecían tumores cerebrales u otro tipo de lesiones en el lóbulo temporal derecho, experimentaban complejas alucinaciones visuales de personas y acontecimientos, mientras se veían proyectados fuera de su cuerpo de forma tridimensional. Una manipulación física del lóbulo temporal derecho puede conducir a algunas personas a ver el rostro de Dios de forma repetida o a tener experiencias «fuera del cuerpo».

Hace casi cuarenta años, Wilder Penfield, la principal figura en neurocirugía de su época, descubrió que la estimulación eléctrica aplicada a un área específica del lóbulo temporal derecho provocaba sensaciones parecidas a las de las EPM; las personas oían una música bellísima, veían a los amigos y parientes ya fallecidos, y contemplaban un resumen de lo que había sido toda su vida. Esta área, denominada por los especialistas «la grieta de Sylvian», se encuentra en el lóbulo temporal derecho, justo sobre la oreja.

Penfield tomaba largas agujas de acero inoxidable y pinchaba áreas dentro del cerebro en pacientes conscientes que estaban siendo sometidos a una operación de neurocirugía. Se dio cuenta de que cuando estimulaba áreas del lóbulo temporal derecho, los pacientes experimentaban sensaciones de «estar fuera del cuerpo», veían luces y formas geométricas, revivían sus vidas mientras se sentían proyectadas en tres dimensiones fuera del cuerpo, y experimentaban prácticamente todos los elementos que se atribuyen a las EPM. Penfield relata, por ejemplo, cómo un paciente llegó a decir: «Oh, Dios mío, estoy abandonando mi cuerpo». Y, lo que es aún más interesante: «La mitad de mí está fuera y la otra mitad dentro».

De forma similar, el canadiense Michael Persinger, investigador de la consciencia, ha documentado que la estimulación del lóbulo temporal derecho con electricidad parece provocar los efectos beneficiosos de lo que él llama «la experiencia de Dios». Llega hasta el punto de recomendar la inducción de esta experiencia a través de la meditación o de la oración a todos los seres humanos, como un antídoto contra la violencia, la depresión, la adicción a las drogas y el colapso de las estructuras sociales que actualmente asuela nuestra sociedad.

El doctor Persinger piensa hoy que sus investigaciones muestran que la percepción de Dios, incluyendo sus efectos transformadores, pueden duplicarse gracias a estudios de estimulación eléctrica similares a los que él llevó a cabo. Ha dicho:

«La capacidad de tener la experiencia de Dios es una consecuencia de la disposición del cerebro humano. Si el lóbulo se hubiera desarrollado de otra forma, la experiencia de Dios nunca hubiera tenido lugar».

Llega incluso a hacer esta observación: la mayoría de nosotros ha aprendido a compartimentar la experiencia de Dios. Ésta puede ser condicionada para que ocurra sólo en ciertos momentos o en determinadas situaciones. Gracias a la relación entre los lóbulos frontales (de los que depende la capacidad para tomar decisiones) y los lóbulos temporales (los relacionados con la memoria, la interpretación de las experiencias y la experiencia de Dios), la mayoría de nosotros puede aprender a controlar la experiencia de percibir a Dios.

Pero ¿por qué tiene lugar la experiencia? Algunas personas piensan que es un primitivo mecanismo de defensa, que conforta al individuo en el momento de la muerte. Otros piensan que fomenta la lealtad o la estabilidad dentro de un grupo interdependiente, como la tribu o la familia.

Esto, sin embargo, no quiere decir que la fe sea exclusivamente un asunto de fisiología y química cerebral. Lo único que demuestra es que esas regiones cerebrales son las más relacionadas con la experiencia de la fe.

Las otras funciones del lóbulo temporal derecho permiten la percepción de la memoria y la interpretación de la experiencia. Esto permite a los aspectos transformadores de la experiencia de Dios afectar a la totalidad de la personalidad de quien pasa por ella. Las áreas mencionadas del cerebro también permiten la experiencia de la luz. Cuando todo el circuito funciona correctamente, la persona que tiene la experiencia de un lóbulo temporal derecho en perfecto funcionamiento percibe una luz mística, que identifica con Dios. Esto, a su vez, tiene un profundo efecto transformador en la personalidad individual.

Desde luego, no soy el primero en hacer esta conexión. Antes que yo ha habido muchos otros. El filósofo y neurólogo Arthur Mandell ha dicho que «el reino de los cielos puede encontrarse en el lóbulo temporal derecho». La mayoría de los científicos lo han negado. Otros pocos, asustados por las implicaciones, la han arrinconado hacia los límites de los estudios científicos. Y ahí ha permanecido, escondida, como un suceso mental anormal.

Explorar lo desconocido

La historia de la ciencia está estrechamente vinculada a aquello que una sociedad es capaz de creer. Examinemos la invención simultánea e independiente de los principios matemáticos del cálculo por parte de sir Isaac Newton y del gran matemático japonés Takakazu Seki.

En la época de Newton, la creencia era que Dios, el Creador, había inventado un universo mecánico que funcionaba de acuerdo a unas estrictas leyes reveladas en esos principios matemáticos. Que los complejos movimientos del cielo pudieran ser explicados mediante pruebas matemáticas era la prueba implícita del plan de Dios.

Los japoneses, por otro lado, no tenían ninguna necesidad filosófica de unir la ciencia al universo, puesto que su visión de este último mezclaba a Dios, la naturaleza y los seres humanos de forma inseparable. El resultado de esto fue que los descubrimientos de este gran matemático japonés permanecieron prácticamente ignorados por su propio pueblo. No veían ninguna utilidad práctica en conocer el curso de los planetas o de cualquier otro fenómeno del universo, mientras que nosotros usamos esos cálculos para enviar cohetes a la Luna.

Una de las consecuencias de las EPM en los niños que he estudiado es la adquisición de una capacidad de comprensión instintiva para las nuevas ciencias. Nos encontramos aquí con el caso de una experiencia mística que conduce a una mejor comprensión de la verdad científica. Mis pacientes hablan con el lenguaje de la física teórica o de la matemática del caos. Pueden entender un universo eterno en el que el tiempo tiene varias dimensiones, un universo en el que espacio, tiempo y masa no pueden ser separados. Lo han percibido desde un marco de referencia exterior a sus cuerpos y han experimentado un encuentro con un Dios amoroso.

Uno de los casos más espectaculares de esta capacidad de comprensión científica es la EPM de Olaf Swendon. Olaf, un inventor sueco, no confiaba en el conocimiento obtenido como resultado de su visión mística hasta el descubrimiento de las partículas subatómicas, los neutrinos. Una vez que hubo conocido de lo que se trataba, se dio cuenta de era lo que había visto cuando, siendo un adolescente, estuvo a punto de morir.

Olaf representa uno de los ejemplos de este paradigma en ciernes. Tuvo una visión mística, pero no el conocimiento académico que se puede obtener tras estudiar química orgánica y física teórica, y que era necesario para ponerla en práctica. Una vez que tuvo la base intelectual suficiente, extrajo un enorme beneficio de ella. Hoy en día es un multimillonario con más de cien patentes de química orgánica. Pero eso no es todo. Su EPM también le proporcionó una perspectiva espiritual. Podría haber usado su conocimiento para crear gas venenoso o armas de guerra. Sin embargo, al reconocer que toda vida está interconectada, y que tenía unas responsabilidades espirituales y filosóficas, inventó una forma de añadir más tiza en la pulpa de papel. El resultado es que muchos árboles se han salvado de perecer gracias a eso.

En la conferencia titulada «Más allá del cerebro», pronunciada en la Universidad de Cambridge en 1995, el doctor Julian Candy expresó de la mejor forma posible el temor subliminal que se esconde tras la aparición del nuevo paradigma: «¿Cómo podemos abandonar nuestro mito central sin caer de nuevo en la superstición?». Con «mito central» se estaba refiriendo al viejo punto de vista en el que el universo es visto como una enorme maquinaria de reloj cuyas acciones son siempre predecibles.

Las nuevas ciencias han conducido al desarrollo del poder nuclear y a la posibilidad de energía barata y accesible a todos. Usamos de forma rutinaria el sistema de imágenes por resonancia magnética nuclear para encontrar en el interior de los cuerpos humanos cáncer u otras enfermedades. Estos sistemas detectan las variaciones sutiles en las propiedades electromagnéticas de los diferentes tipos de tejido humano. Prácticamente en todos los hospitales existe un MRI (Magnetic Resonance Imaging), un instrumento increíble que supone una gran ayuda en el diagnóstico y que fue desarrollado desde conceptos científicos que eran teóricos sólo hace dos décadas.

No estoy poniendo en duda la necesidad de un rígido escepticismo científico. Sin embargo, nuestra búsqueda del sentido del universo y de la naturaleza de Dios debe continuar. Hubo un tiempo en el que los filósofos pensaban que el universo reposaba sobre el lomo de una tortuga gigante. El astrofísico Stephen Hawking estaba hablando de este concepto durante una conferencia cuando una mujer se puso de pie y le dijo que ella creía eso.

—¿Y qué hay debajo de la tortuga? –le preguntó Hawking.

—Eso es algo fácil de contestar –respondió la mujer–. Hay tortugas todo el tiempo hasta abajo.

La respuesta de esta mujer, aunque incorrecta, era efectiva. No estamos más cerca de aclarar los enigmas del universo que los antiguos filósofos. ¿Quién hizo el universo? ¿Qué hay más allá de él? ¿Cómo puede haber algo más allá del universo? ¿De dónde procede? ¿Qué sucedía antes del Big Bang? El universo está lleno de preguntas que esperan una respuesta, algunas de las cuales podrían cambiar la noción de que la naturaleza funciona como una maquinaria de reloj.

Lo mismo puede aplicarse a nuestro universo personal. Hay muchas cosas que debemos saber sobre la naturaleza de nuestra alma y sobre lo que hace que nos movamos. Al igual que el universo que nos rodea, también nosotros somos un conjunto de preguntas sin respuesta, muchas de ellas relacionadas con los llamados «aspectos metafísicos» de nosotros mismos. ¿Sobrevivimos a la muerte de nuestro cuerpo? ¿Cómo funciona la telepatía? ¿Pueden nuestras almas abandonar nuestros cuerpos y viajar a cualquier parte? ¿Hay una manera de acceder mentalmente a nuestros poderes curativos? ¿Tras nuestra muerte, vivimos de nuevo como otras personas?

Todas estas preguntas pueden empezar a ser contestadas examinando la fisiología de las EPM. Como si fuera una puerta secreta abierta a un mundo nuevo, las EPM nos proporcionan una nueva forma de examinar el vínculo entre nuestros cerebros y el universo.

Es en ese sentido en el que estamos explorando un nuevo paradigma. Un paradigma en el que ciencia y espiritualidad puedan aliarse para, encontrándose en un terreno común en el marco de la oposición «cuerpo-mente», ayudar a las personas.

Encuentro tranquilizador que ciencia y religión no sólo estén conectadas, sino que además se necesiten la una a la otra. Esto no deja de resultar irónico, dada la tradicional hostilidad de la ciencia hacia todo lo espiritual. Pero la evidencia nos dice que un concepto informático y mecanicista del cerebro no puede explicar la consciencia humana. Los seres humanos no piensan de forma mecanicista, y en muchos casos, su forma de pensar está vinculada a fuerzas que entran en nuestra definición de «divino» o «espiritual». La consciencia humana, a diferencia de los ordenadores, es irracional por naturaleza. Corazonadas creativas e intuiciones representan la esencia de la consciencia humana, mientras que la lógica va llenando los espacios vacíos y apuntalando las teorías. Una y otra vez obtenemos evidencias científicas que vinculan la mente a la curación espontánea del cuerpo o, lo que es aún más extraordinario, al cerebro con áreas fuera del cráneo. Repartidos a través de la literatura científica en una serie de diferentes disciplinas encontramos ejemplos de «lectura de la mente», telequinesia, sanación mediante la imposición de manos, encuentros visionarios con personas que han muerto, experiencias «fuera del cuerpo» verificables, y muchos otros ejemplos de cómo el cerebro no es un ordenador, sino un objeto que controla y se comunica de formas todavía demasiado misteriosas como para que la ciencia las abarque.

Muchos científicos se niegan a admitir esto. Un participante en una conferencia sobre la consciencia que tenía lugar en Londres lo expresó bien cuando declaró, malhumorado: «Si aceptamos que el hombre puede tener un espíritu, estaremos dándoles la espalda a la ciencia y a los últimos trescientos años. Perderemos todo lo que hemos conseguido».

Frente a este escepticismo, prestigiosas universidades como la Universidad de Virginia y la Universidad de Connecticut están explorando los límites de la consciencia con investigaciones serias y objetivas, en las que están incluidas las EPM. Es tranquilizador saber que un grupo de valientes exploradores han percibido el paradigma emergente y están preparándose para recibirlo.

Este recibimiento incluye la aceptación de una serie de hechos indiscutibles que son las bases de la actual investigación de EPM:

✔ las EPM y muchos otros «sucesos espirituales» son reales. A través de métodos científicos podemos diferenciar entre enfermedad mental, enfermedad física, alteraciones de la consciencia debidas a sustancias y legítimas experiencias espirituales como las EPM;

✔ la transformación es el vínculo común entre todas las experiencias, incluidos los estados místicos, las experiencias «fuera del cuerpo» y las EPM;

✔ existe un punto en común entre estas experiencias místicas en la fisiología del cerebro, pero dicho punto no está limitado por la fisiología cerebral. Gran parte de lo que constituye una experiencia mística o paranormal puede tener lugar fuera del cerebro humano y llega hasta nosotros a través de una estructura compartida de pensamiento y memoria.

El psicólogo e investigador Charles Tart ha resumido bien la investigación de las EPM y la investigación de la consciencia con estas palabras:

«Lo que necesitamos no es otra definición de *consciencia*, ni tampoco una explicación, sino un mapa mejor. Ese mapa podría permitirnos trazar el camino tomado tanto por estas emocionantes nuevas avenidas aparecidas en la investigación de la consciencia como por las vías tradicionales, y no sólo para descubrir dónde convergen ambas y qué puentes hay que tender entre ellas, sino también para ver adónde conducen. Y, después de todo, un mapa es lo que un paradigma proporciona».

La vida no es más que un sueño

Se estaba haciendo tarde. Los grillos cantaban, acompañando a las ranas, que lo hacían allá abajo en el estanque, donde algunos de los chicos trataban de pescar con las manos. Algunos de los padres me habían ayudado a apilar leña formando un gran montón. Se oyó un enorme «fuuus» cuando le prendimos fuego a la leña seca y la llamas ascendieron hacia el cielo, como absorbidas por las estrellas que empezaban a aparecer.

Como suponía, la brillante luz atrajo a los chicos. Muchos de ellos me habían contado que la luz que vieron durante su EPM estaba siempre con ellos. A veces desaparecía fuera de la vista, y otras les bañaba con una profunda sensación de bienestar espiritual.

Había sido un día estupendo, con excelente comida, mejor compañía, juegos emocionantes e informes aún más emocionantes por parte de los chicos y chicas que formaban parte de mi estudio. Jonathan, un jovencito de origen indio, y Jane, una trabajadora social, afinaban sus instrumentos para comenzar a tocar alguna de las tradicionales canciones de fuego de campamento. Jonathan había sido adoptado por una familia estadounidense y aportaba un toque multicultural único a su EPM. Jane, que quince años atrás, cuando me describió su EPM, era una niña de una timidez enfermiza, se había convertido en una joven de un inmenso coraje y energía, dedicada en cuerpo y alma a trabajar con enfermos terminales de cáncer. Ambos, a pesar de ser únicos, comparten un conocimiento común: el de que en la muerte existe un tipo de vida que ninguno de nosotros puede siquiera concebir hasta que no la experimenta.

Pronuncié algunas palabras de despedida, agradeciendo a todos su presencia. Mi mujer y yo aceptamos los aplausos que dieron paso a la música. Formando parte del círculo, pensaba en la significación de la última frase de la canción: «Alegremente, alegremente, alegremente, la vida no es más que un sueño».

Es un sueño, pero también una aventura.

2

Un sorbo de su propia medicina

Si quieres traer a tu vida esa luz espiritual transformadora, si quieres saber quién eres y adónde vas, si quieres tener la misma comprensión y experimentar la misma transformación que los niños que he estudiado, puedes hacerlo. El «gran secreto» consiste en que no hay tal «gran secreto».

No necesitas permanecer en meditación constante, ni acudir a un *ashram* o viajar a un lugar lejano en una búsqueda espiritual. El objetivo real de la búsqueda espiritual es aprender a comunicarte contigo mismo. Presta atención a tus propios pensamientos y acciones. Escucha tus pensamientos y analiza tus emociones, preguntándote: «¿Por qué soy feliz?», o: «¿Por qué estoy enfadado?». Comprendiendo tus motivaciones y las razones por las que haces lo que haces, obtendrás la «iluminación».

¿Que cómo lo sé? Lo sé porque me sucedió a mí. Yo me curé gracias al aprendizaje adquirido de la mano de esos niños que estuvieron a punto de morir.

Mi historia

Hace aproximadamente cinco años me diagnosticaron una hipertensión de tipo crónico. La noticia me aterrorizó, e inmediatamente comencé a hacer lo que hacen la mayoría de pacientes con presión sanguínea alta: tomar medicación.

Empecé a caer en una depresión y me convertí en un hipocondríaco. Después de que mi mujer se iba a dormir, yo bajaba al salón a comprobar mi presión sanguínea. Por supuesto, la presión estaba siempre alta, a consecuencia del estado de ansiedad en el que me encontraba. Pronto me encontré tomando tres tipos diferentes de medicación para la hipertensión, y no dejaba de estar descontrolada. Empecé a hiperventilarme de forma inconsciente, sin darme cuenta de que la ansiedad hacía que respirara más rápido de lo habitual. Por supuesto, yo tomé eso como un signo de que mi dolencia empeoraba. Comencé a tomar ansiolíticos junto con los medicamentos contra la hipertensión, pero la tensión aún continuaba alta.

Mi peso, que siempre había supuesto un problema, se disparó. De noche me pegaba soberbios atracones, a menudo cenando dos veces, pero sin disfrutar en realidad de la comida. Se trataba sólo de una forma de distraerme de las presiones que me agobiaban. Estaba al límite de mi capacidad de resistencia.

Intenté rezar de nuevo, pero no encontré alivio en ello. La visión espiritual que tuve al final de mi «experimento» no apareció esta vez. Pensaba que si podía vivir en armonía con la enfermedad, se acabarían los problemas. Entonces tuve una idea. Sacaría los «diez secretos de la felicidad» que había recopilado a lo largo de mis charlas con los niños que habían tenido experiencias próximas a la muerte. Estos «secretos» consistían en los hábitos que habían desarrollado en sus vidas tras sufrir sus experiencias, y que les habían permitido permanecer en contacto con su luz interior, la misma luz transformante que habían contemplado cuando estuvieron a punto de morir.

De hecho, tenía una lista de estos secretos en el cajón de mi despacho en el que guardaba gran parte del material sobre mis investigaciones sobre el tema. Muchos de ellos procedían de niños y adultos con los que había hablado en su momento, con la intención de hacer un estudio sobre la transformación.

Se trataba de determinar la forma en la que la EPM cambiaba a los que la experimentaban. Examinando la lista, me maravillé de su simplicidad. «¿Por qué no habré estado llevando esto a la práctica todo este tiempo?», me pregunté. La respuesta era sencilla. Los diez secretos parecían algo tan obvio que los había olvidado por completo. Ahora, mientras estoy sentado en mi despacho y contemplo la lista ante mí, me siento aliviado al saber que mi vida pudo transformarse sin tener que pasar por una experiencia cercana a la muerte.

Los diez secretos del transformado

1. **Ejercicio.** Haz algún tipo de ejercicio divertido cada día al menos durante treinta minutos: anda en un parque, juega al pilla-pilla con tu hija, pelea en broma con tu hijo, haz algún ejercicio casero mientras ves la televisión... Da al ejercicio diario la misma prioridad que le das a tu trabajo. Después de algunas semanas, el ejercicio se habrá convertido en una parte de tu rutina diaria de la que no querrás prescindir.

   Cuando comencé a levantarme para salir a correr con mi hijo, todo mi esquema en mi relación con él cambió. Ahora pasamos mucho más tiempo juntos y se ha desarrollado entre nosotros una fuerte camaradería, mientras que antes mi relación con él se reducía básicamente a recordarle que hiciera los deberes. Además, ahora estoy más cansado por las noches y me apetece menos levantarme a comer comida basura.

2. **Pautas (sé aquí ahora).** Presta atención a tus pautas vitales. Practica la meditación activa, una forma de meditar en la que reconoces y comentas tus pensamientos y sensaciones internas. Con la meditación activa, te diriges a tus preocupaciones en asuntos como el dinero, los hijos, el matrimonio o el trabajo, en lugar de usar la meditación de forma pasiva para silenciar a tu narrador interno.

La meditación activa es especialmente beneficiosa en el caso de que nos asalten pensamientos obsesivos. En lugar de intentar acallar a nuestro narrador interno, la meditación activa le da un papel principal. Con lo que, en lugar de intentar no pensar en un jefe desagradable, piensa en él o en ella, concentrándote en la fuente del conflicto e intentando alcanzar una solución a tu problema.

3. **Familia y relaciones.** Desayuna y cena con tu familia al menos cuatro veces a la semana. Apaga la televisión y hablad entre vosotros. Desarrolla el hábito de escuchar a los otros al menos quince minutos al día. Al principio puede resultar duro, pero aquí tienes algunas sugerencias:

   ✔ deja que los demás acaben sus frases antes de empezar a pensar tu respuesta;

   ✔ emplea expresiones como: «¿Cómo te sientes al respecto de eso?», «Cuéntame más», o simplemente repite las últimas palabras que te ha dicho, en voz alta y de forma reflexiva.

4. **Confía en tu visión espiritual y en tu intuición.** La mayoría de la gente no necesita experiencias espirituales o intuiciones. Carecen de valor para creer en ellas y, por tanto, las rechazan.

5. **Servicio.** Ayuda a los demás de forma regular, aunque sea de forma sencilla. Dale a tu mujer un masaje en los pies. Preséntate como voluntario para entrenar a un equipo de fútbol infantil. Dona comida a un banco de alimentos. Si quieres un remedio seguro para combatir la sensación de que la vida no tiene sentido, preséntate como voluntario en una escuela, una residencia de ancianos o un hospital.

6. **Planteamiento financiero.** Reduce los gastos. Reduce como mínimo un veinte por ciento en los gastos que haces

con tu tarjeta de crédito. A lo largo de los años, esto no sólo te ayudará a ahorrar, sino que conseguirás más paz interior. Ahorra un poco de dinero cada mes, aunque sea una pequeña cantidad. Cuando le preguntaron a Einstein acerca del mayor milagro de la vida, contestó: «El interés compuesto». Pequeñas cantidades de dinero, ahorradas de forma regular, se convierten en grandes cantidades. ¿Y esto qué tiene que ver con la armonía espiritual? Te lo diré: en nuestras sociedades, es más fácil encontrar esa armonía si tienes dinero en el banco y no te encuentras agobiado por las deudas.

7. **Dieta.** Los niños que han pasado por una EPM comen más fruta fresca y verdura que el resto de nosotros. El encuentro con esas luces espirituales les ha llevado a mejorar sus hábitos alimenticios y, como consecuencia, a disfrutar de una vida más sana. Trata de añadir a tu dieta una verdura nueva al mes, al mismo tiempo que eliminas un tipo de comida rápida. A menudo, los pequeños cambios pueden conducir a una pérdida de peso permanente. Las dietas rara vez lo consiguen.

8. **Meditación/oración (habla con Dios).** Durante al menos quince minutos al día deja que actúe tu lóbulo temporal derecho. Si no quieres rezar de forma activa, o no sabes qué decir, repite una y otra vez una palabra mientras permaneces tumbado en la cama. Este acto tan simple «activa» el lóbulo temporal derecho, tu «punto de Dios».

9. **Aprende a amar.** A menudo, cuando pensamos en el amor, en realidad estamos pensando en el amor que nos tenemos a nosotros mismos. El amor verdadero significa pensar en alguien más, en los sentimientos y las necesidades de esa

persona. Amar no es fácil. A menudo requiere dar y compartir cosas que no aparecen de forma natural en muchos de nosotros. Puedes aprender a amar, pero se necesita tiempo y práctica. Puede que corras cada día durante treinta minutos porque es bueno para tu salud. Pues bien, emplear treinta minutos al día en amar es tan bueno como correr. Hay muchas maneras sencillas de hacerlo. Comentando de forma favorable el nuevo corte de pelo de alguien consigues que esa persona se sienta bien. Otra forma podría ser dar una sorpresa a tus compañeros de trabajo, o preguntarles por esa obra de teatro en la que participan sus hijos. Son actos sencillos de cariño que pueden ayudar a romper nuestro aislamiento. Éste es uno de los métodos recomendados por los estudiosos del estrés para combatir el carácter tipo A, bastante frecuente y caracterizado por provocar un estado de tensión, mezclado con hostilidad e infelicidad.

10.**Espiritualidad**. Descubre de nuevo tu relación con todas las partes del universo. Presta atención a lo que sucede a tu alrededor y busca tu lugar en ello. Esto tendrá una repercusión a varios niveles: tus relaciones con otras personas, con el entorno y con Dios.

Esto significa cosas diferentes para cada persona. Para algunos, reestablecer una relación con el universo puede significar acudir a la iglesia una vez a la semana. Para otros puede ser ir a la playa o sentarse en un parque. Cada persona tiene su propia manera de manifestar la espiritualidad. La idea de arrodillarse a los pies de la cama y orar resulta ofensiva para algunas personas que sienten que religión y espiritualidad no tienen nada en común. Para otros, la religión es la puerta de acceso a lo divino. Encuentra lo que funciona en tu caso y no te pongas limitaciones. Después de todo, son muchos los senderos que conducen a la Verdad.

De hecho, he usado estos secretos con buenos resultados en mi propia vida, aunque debo admitir que es difícil mantener los «buenos hábitos». Es fácil preferir hacer otras cosas en lugar de ejercicio, y siempre es difícil «vivir en el presente» y no estancarse en el pasado o angustiarse por el futuro.

En primer lugar, observé mi vida y escribí un diario. Me di cuenta de que no tenía tiempo para hacer ejercicio, pero que empleaba mucho tiempo en preocupaciones inútiles. Fui a mi gimnasio y presté atención a quienes estaban allí. Me di cuenta de que aquellos que hacían ejercicio por las mañanas estaban, por lo general, en mejor forma que los que iban al gimnasio por las tardes. Esto me llevó a introducir un cambio en mi rutina: hacer ejercicio cada mañana.

Perdí peso. Dormía mejor por las noches y me iba antes a la cama. Como resultado de esto, mis preocupaciones nocturnas acerca de mi presión sanguínea descendieron.

Empecé a escuchar más a mis hijos y a dedicarles más tiempo, sin importarme lo cansado que estuviera. A menudo escuchaba una insistente vocecilla en el interior de mi cabeza, preguntándome por mi presión sanguínea. Para acabar con ella, desplazaba mi atención jugando con mis hijos o leyendo.

Mi mujer me recomendó el libro del doctor John Gray *Los hombres son de Marte y las mujeres de Venus*. Lo leí y pensé que se aplicaba mejor a ella que a mí. Me dijo que quería que habláramos de él, y pronto nos encontramos hablando de libros cada noche. Antes de que nos diéramos cuenta, nuestra vida sexual había mejorado, y en consecuencia, disponía de mucho menos tiempo para controlar mi presión sanguínea o bajar a comer helado a altas horas de la madrugada.

Comencé a hablar con Dios, y a escuchar. En lugar de plegarias de desesperación, tenía diálogos con Dios, a veces en mi coche, camino del trabajo. Le hablaba de mi vida. Hice mi propia revisión de mi vida, como la que tiene lugar durante las EPM.

Pensé en toda la gente a la que había dañado, y les pedí perdón en mi interior.

Mientras rezaba, me di cuenta de que mucho de mi estrés se debía al trato que le había dado a mi cuñado, un alcohólico que murió a causa de una mezcla de drogas y alcohol cuando tenía mi edad. Fui cruel con él, y a veces le hice duros reproches, cuando una palabra amable hubiera sido más útil.

De pronto me di cuenta de que en mi interior había un miedo a que yo pudiera morir porque mi cuñado lo hizo, y que esto sería el castigo de Dios por el trato que recibió de mí. Fui a hablar con mi suegra y, por primera vez, le hablé de mis miedos y de mi dolor por el modo en el que había tratado a Chris. Hablamos mucho acerca del sufrimiento que supuso para ella el tener que vivir con un hijo alcohólico y drogadicto. Pronto me sentí más unido a ella de lo que jamás había estado antes.

Me ofrecí a los demás. Me presenté voluntario para entrenar el equipo de béisbol infantil de mis hijos. Di dinero a la iglesia. Tuve más conversaciones con mi hijo sobre temas no relacionados con sus estudios o sus deberes, y me he acercado mucho a él. Comprender los patrones poco saludables de mi vida me condujo a adoptar unos mejores hábitos alimenticios y a hacer ejercicio de forma regular.

Al cabo de un año siguiendo este nuevo plan me sucedió una cosa muy extraña; algo que sólo puedo considerar como la activación de mi «punto de Dios». Una noche tuve un sueño vívido en el que vi a una amiga a los pies de mi cama. Me miraba con una serenidad divina en su rostro. En el sueño, me sorprendí enormemente de verla.

«Melvin, tengo un regalo para ti», me dijo, extendiendo su mano hacia mí. En ese momento sentí como mi abdomen irradiaba con una intensa luz blanca. Vi como el tejido ardía violentamente en la luz, se convertía en hollín y desaparecía.

En su lugar, había una piel sana y hermosa. Entonces me desperté.

La comunicación con Dios

Almorcé con esa amiga varias semanas más tarde y le pregunté acerca del sueño, sin darle ningún detalle. La experiencia había sido tan vívida que pensé que quizá ella tendría que haberla compartido, de alguna forma.

Resultó que ella no había tenido sueño o visión espiritual de ningún tipo, pero me hizo una sugerencia: la visión me estaba regalando una metáfora para la autosanación.

Resulta increíble hasta qué punto ese sueño me afectó. Mi presión sanguínea bajó a niveles normales y pude dejar de tomar dos medicamentos contra la hipertensión. También me di cuenta de que el sueño había tenido otro efecto positivo en mi salud: el asma que me había torturado durante tantos años había desaparecido junto con mi hipertensión. Poco a poco, fui abandonando los cuatro medicamentos que había venido tomando para controlar mi asma.

¿Qué había sucedido?

Con los cambios que introduje, creé un terreno fértil para que el universo entrara en mi vida. Abrí mi lóbulo temporal derecho a la comunicación con Dios. Esperé pacientemente y obtuve mi premio. Empleé tiempo cada día en el presente, acallando gradualmente la voz de mi narrador interno. Aprendí de nuevo a amar a mi familia, a dejar de pensar sólo en mi enfermedad, en mi muerte, en mi duro trabajo, en mis problemas... Escuchar a mi hija cantar una cancioncilla infantil o jugar a las damas con mi hijo se convirtió en algo que tenía prioridad sobre cualquier otra cosa.

Tras varios años padeciendo hipertensión, mi presión sanguínea volvía a estar completamente normal y dejé de tomar medicación. No perdí mucho peso, pero estaba contento con mi cuerpo y salía a correr cada día con mi hijo.

A los cuarenta y seis años, finalmente había aprendido los secretos de la vida, de mano de unos niños que se habían encontrado con la muerte.

Las lecciones de la luz

Tras haber puesto en práctica estos diez secretos con éxito en mi vida personal, empecé a hacerlo en mi práctica pediátrica.

A menudo los padres traen a sus hijos a mi consulta a causa de sus problemas de comportamiento. Ven el típico comportamiento adolescente como un problema complejo, cuando la mayoría de las veces las soluciones son simples y directas.

Por ejemplo: tuve un paciente adolescente con una severa depresión, cuyos padres estaban pensando en divorciarse tras veinticinco años de matrimonio. Ambos tomaban Zoloft, y me traían a su hijo Adam para que él también pudiera empezar a tomar antidepresivos.

No tuve que insistir mucho para que Adam empezara a hablarme de su vida. Estaba cansado la mayor parte del tiempo, odiaba el colegio y la vida que llevaba en su casa. Me dijo que la única satisfacción de su vida era su trabajo a tiempo parcial en un restaurante de comida rápida. Aparte de eso, la vida era una pesadez. Había perdido más de once kilos en el último año.

Pensé que se trataba de un perfecto candidato para un tratamiento con antidepresivos, y comencé a hablarle de los diferentes tipos de medicamentos que podía tomar y los efectos secundarios que debía esperar si comenzaba el tratamiento. En un momento determinado, levantó la mano de modo desafiante y me preguntó: «¿Por qué todo el mundo pretende solucionar sus problemas tomando pastillas? Es el camino más fácil».

Entonces le dije: «Bien. Veamos las alternativas. Los estudios han demostrado que, en los pacientes con fatiga crónica, un ejercicio regular, como caminar antes de acostarse, es muy efectivo para mejorar el sueño y prevenir la fatiga durante el día. De hecho, hay un estudio que compara el ejercicio con la medicación al uso, y encuentra el ejercicio más beneficioso. Así que veamos cómo podemos incluir el ejercicio en tu plan diario».

Hablé con toda la familia sobre el valor del ejercicio en la lucha contra la depresión, y todos decidieron hacer el intento. Comenzaron por caminar todos juntos por las tardes, y poco a poco su creatividad como familia empezó a aflorar. A veces sólo andaban y charlaban. Otras trataban de resolver sus problemas económicos mientras caminaban y otras sólo caminaban en silencio. Estos paseos familiares comenzaron el proceso de curación.

Seis meses más tarde, los padres aún seguían casados. La madre, que padecía un problema de peso, había perdido nueve kilos y el peso de Adam permanecía estable. En este momento ambos padres han dejado de tomar medicación y contemplan una posible solución para sus problemas.

Los institutos nacionales de salud consideran que cerca del sesenta por ciento de los problemas médicos se deben a defectos del sistema de vida, y podrían resolverse con cambios sencillos como algo más de ejercicio y reduciendo la cantidad de comida que se ingiere.

El secreto de una vida saludable y espiritual es a menudo tan sencillo como un simple cambio en el estilo de vida. Muchas personas no dan importancia a determinados problemas en sus vidas porque no consideran que tengan nada que ver con la espiritualidad o la paz de espíritu. Sin embargo, están ignorando su excesivo peso, o depresión, o sus problemas de bebida o tabaco, esperando que un destello místico de luz les ponga en contacto con su propia espiritualidad.

Han olvidado (quizá jamás lo supieron) que la búsqueda de la salud espiritual es sobre todo la obtención de un equilibrio en sus vidas. De hecho, uno de los preceptos de la sanación espiritual (física o mental) es el de obtener equilibrio, paso a paso, hasta que el cuerpo alcance el estado más armónico posible.

Invitación a explorar

El lector puede dejar de leer en este punto y mejorar su vida espiritual siguiendo simplemente las diez lecciones de los que han pasado por la EPM. Pero también puede darse cuenta de que se ha despertado su curiosidad y que quiere saber más sobre el «punto de Dios», ese lugar en el que Dios habita. Y eso es exactamente lo que me sucedió a mí. Me empecé a preguntar cómo esta misteriosa área del cerebro podría hacerse más accesible, y qué sucedería si, efectivamente, lo fuera.

Me pregunté por qué el «punto de Dios» formaba parte de la fisiología humana. ¿Lo habrían usado las culturas antiguas para hablar con Dios, atrofiándose conforme empezamos a concentrarnos en otros objetivos? ¿Nos conecta verdaderamente al tejido del universo? ¿Es el «punto de Dios» la fuente de ese «sentido de la vida» que todo el mundo busca? ¿Es la parte de nosotros que sobrevive tras la muerte del cuerpo?

Una noche, no mucho tiempo después de que mi hipertensión hubiera desaparecido, comencé a esbozar una serie de ensayos que quería escribir sobre ese lugar de nuestro interior en el que Dios habita. Estos ensayos explorarían, a través de investigaciones científicas, filosofía y experiencias personales, una serie de temas importantes sobre el área del cerebro que se activa durante las EPM y las experiencias místicas. Éstas son las preguntas más importantes realizadas en el campo de los estudios de las experiencias próximas a la muerte, y apenas habían sido estudiadas en profundidad. De hecho, han sido diseccionadas en docenas de pedazos, cada uno de ellos sujeto de un estudio o discurso científico particular. Pronto me di cuenta de que me encontraba caminando por un sendero nunca antes hollado, que me permitiría presentar una teoría unificada de cómo y por qué tienen lugar las experiencias místicas y, lo que es más importante, qué sucede en ellas.

En unas pocas horas, había bosquejado una serie de preguntas que podían contestarse con esos ensayos.

✔ ¿La memoria puede existir fuera del cuerpo? Ésta parece ser una pregunta sorprendente, ya que ninguna teoría científica o médica moderna puede explicar actualmente qué es la memoria y dónde o cómo se almacena.

Me encontraba hablando en la Universidad de Los Ángeles (UCLA) a un grupo de neurólogos, cuando el asunto de la localización de la memoria apareció por primera vez como un asunto independiente. Un físico de la audiencia comentó que si pacientes en coma podían tener EPM y recordarlas, deberíamos explicar cómo es posible que un cerebro en un estado disfuncional y muriendo pudiera procesar una memoria a largo plazo. Yo sabía gracias a mis estudios sobre la transformación que sufrían los niños tras la experiencia, que no sólo recordaban las EPM, sino también la totalidad de sus vidas.

Una respuesta sencilla podría ser que quizá los recuerdos no estén almacenados en el cerebro. Aunque parezca una aseveración extravagante, esto explicaría la mayoría de las preguntas relacionadas con la percepción, incluidos fenómenos como los fantasmas, los ángeles, las vidas pasadas, e incluso el síndrome de falsa memoria, en el que la gente «recuerda» acontecimientos de una infancia que nunca vivió.

✔ ¿La reencarnación consiste en el acceso a un banco de memoria universal? Nunca había prestado demasiada atención a los recuerdos de vidas pasadas; me resultaban algo extraño y poco fiable. No estaba al corriente de los trabajos de investigadores de primer orden como el doctor Ian Stevenson, de la Universidad de Virginia. Cuando llegaron a mis manos me di cuenta de la gran cantidad de excelentes estudios que había realizado sobre el tema. Pero faltaba una cosa. No había una sola teoría que explicara cómo el cerebro de una persona viva puede contener información sobre una vida pasada.

Muchos de mis pacientes me han hecho preguntas sobre vidas pasadas. Un ejemplo es un pequeño de dos años y medio de edad que nos contó una vida pasada a su madre y a mí, con todo detalle. Era demasiado pequeño para inventar historias o fantasear; apenas había empezado a hablar. Debía haber estado recordando algo, pero ¿qué?

Mi teoría de que los recuerdos pueden en realidad ser almacenados fuera del cerebro ofrece una nueva vía de explicación para comprender la reencarnación y la memoria de vidas pasadas.

✔ ¿Fantasmas y ángeles son realmente conjuntos de energía «atrapada»? La percepción de ángeles y fantasmas está relacionada con los encuentros con seres que parecen proceder de otra realidad. Los ángeles permiten una comunicación e interactuación con el universo, mientras que los fantasmas parecen ser de naturaleza algo más estática. Mis estudios me han permitido llegar a la conclusión de que ambos, ángeles y fantasmas, son percibidos a través de nuestro lóbulo temporal derecho. Pero ¿qué es lo que percibe el lóbulo?

Los físicos teóricos con los que trabajo en Los Álamos y en el Instituto Nacional de Descubrimientos Científicos me han explicado que la energía que liberamos en forma de pensamientos o actitudes no desaparece, sino que permanece en la naturaleza. Si esto es cierto, quizá nuestra energía se convierta en parte del banco de memoria universal, y pueda ser percibida en un momento dado como «fantasmas» o «ángeles» por nuestro lóbulo temporal derecho.

✓ ¿Existe un tipo de persona que pueda comunicarse con ese banco de memoria universal con mayor facilidad que el resto de nosotros? He lanzado la hipótesis de que nuestro lóbulo temporal derecho es nuestro instrumento biológico para comunicarnos con Dios, así como con una memoria universal. Si esto es así, podría ocurrir que algunos individuos tuvieran su lóbulo temporal derecho mejor «dispuesto» que el resto. Investigando a personas con lo que aparentemente son capacidades excepcionales relacionadas con el lóbulo, descubrí que muy frecuentemente habían tenido EPM o visiones espirituales en su infancia o en su adolescencia, lo que desencadenó sus habilidades. ¿Es entonces posible que pasar por una experiencia próxima a la muerte pueda activar el lóbulo temporal derecho?

El estudio sobre la transformación que sigue a la experiencia, y un examen de los adultos que sufrieron este tipo de experiencias en su infancia nos indicaría que esto es cierto. Sabemos gracias a este estudio que los adultos que han pasado por una EPM en su infancia tienen cuatro veces más experiencias psíquicas verificables que aquellos que nunca han pasado por una experiencia similar. ¿Podría ser posible que el hecho de tener una experiencia próxima a la muerte permitiera a las personas activar de una sola vez toda un área del cerebro que hasta entonces no hubiera sido usada?

Éste fue el caso de Joe McMonagle, que tuvo una EPM mientras servía en el ejército. Ahora es una de las estrellas de los «dotados de visión remota» con los que trabaja la CIA. Joe indicó de forma exacta la ubicación de una instalación de misiles soviéticos mientras permanecía sentado en una habitación sin ventanas en California.

✓ ¿Existen las coincidencias? Esto podría parecer una pregunta tonta, puesto que somos testigos de alguna prácticamente a diario. En mi caso, siempre giran alrededor de la enfermedad. Cuando, por ejemplo, un niño se pone verdaderamente enfermo, un acontecimiento aparentemente trivial en la vida de su familia pasa inmediatamente a ser considerado como la causa del mal. Uno de mis pacientes, que acababa de empezar su educación preescolar, fue diagnosticado de leucemia. Los padres sintieron que había una relación entre una cosa y la otra. No dejaban de pensar que algo en la escuela había causado la enfermedad.

El niño tenía leucemia desde hacía varios meses antes de que el diagnóstico tuviera lugar, y la enfermedad ya había empezado a avanzar bastante antes de que el niño empezara a ir a la escuela. Sin embargo, no pude convencer a los padres de esto. En medio de su rabia y su dolor, permanecían fijos en la idea de que algo en el ambiente de la escuela había causado la leucemia. Éste es un ejemplo de pensamiento mágico, o de la búsqueda de un significado para esa vida en la que algo ha dejado de ir bien. También ilustra la poderosa necesidad que tenemos de encontrar conexiones y dar un significado a todo aquello de cierta importancia que ocurre en nuestra vida.

Así que la pregunta «¿Existen las coincidencias?» está haciendo referencia a una pregunta aún más profunda, que es: «Nosotros, como seres humanos ¿creamos nuestro propio sentido en un universo aleatorio e incomprensible o hay un patrón que podemos ser capaces de captar con la atención y paciencia necesarias?».

Cuando los niños me cuentan que han aprendido de sus experiencias al borde de la muerte que «no existen las coincidencias» (y es algo que dicen a menudo), quieren decir que han aprendido que la vida sigue un patrón, y que tiene un significado inherente más allá del que nosotros, como seres humanos, le atribuimos.

Mi pregunta es si esto, que es un concepto espiritual, también puede ser un concepto científico. Cuando esos niños me están diciendo que todo en la vida tiene un sentido y un propósito, y que no existen las coincidencias, además de hacerme una afirmación de profundo calado espiritual, ¿acaso están formulando también un serio postulado científico? Ésta es una cuestión con la que forcejearon científicos como Albert Einstein o Richard Feynman, aunque sólo desde una perspectiva puramente científica. Tengo la esperanza de poder contribuir al estudio de este importante asunto.

¿Qué es la intuición? Siempre estamos hablando de nuestra voz interior, del «instinto». Nada menos que una autoridad como Gavin de Becker, un experto en seguridad que ha protegido la vida de varios presidentes de los Estados Unidos, ha escrito en *El valor del miedo* que solemos trivializar y hasta menospreciar uno de nuestros sentidos más importantes: nuestra propia intuición. Este autor piensa que aprender a usar la intuición es más importante que un chaleco antibalas o una pistola.

Cuando empecé a ejercer la medicina, mis profesores me dijeron: «Hay una cosa que no podemos enseñaros. No podemos enseñaros a confiar en vuestros instintos, a escuchar lo que os dicen vuestras tripas». Mi pregunta es: ¿la intuición es una mezcla de poderes psíquicos como la telepatía, la visión remota, la precognición (la capacidad de ver el futuro), junto con la comunicación directa con Dios? ¿Es todo eso junto lo que nos proporciona la información que nosotros llamamos «intuición»?

¿Mi investigación en niños que han tenido una EPM demuestra que podemos entrenarnos para usar nuestro instinto de forma más consciente? Algunos investigadores han especulado con que los humanos primitivos usaban más que nosotros habilidades como la visión remota, la telepatía y la precognición. Quizá al basarnos más en el lóbulo izquierdo, el área del cerebro en la que se localiza el lenguaje, hayamos ido olvidando las posibilidades de nuestro lóbulo temporal derecho.

Una vez que hube puesto en práctica los diez secretos del transformado con mi propia hipertensión, empecé a plantearme cuestiones relacionadas con la curación, como:

- ✔ ¿Por qué la oración ayuda a algunas personas gravemente enfermas? Hay algunos estudios excelentes que prueban el poder de la oración. El más conocido fue realizado a finales de los años ochenta por Randolph Byrd, un cardiólogo del Hospital General de San Francisco. Su estudio, el primero llevado a cabo sobre los efectos médicos de la oración, demostró que los pacientes con dolencias cardíacas por cuya recuperación alguien había rezado, sanaron un diez por ciento mejor y más rápido que aquellos por los que nadie había rezado. Un total de 393 pacientes participaron en este estudio, que resultó muy controvertido.

El estudio de Byrd se repitió en 1998 de la mano de varios doctores del Instituto Cardíaco de Kansas City, y participaron en él 90 pacientes. Sus resultados fueron prácticamente los mismos que los de Byrd: los pacientes por los que alguien había rezado sanaron un once por ciento más rápido que los demás.

Un estudio que ha sido repetido es difícil de pasar por alto, aunque a muchos médicos les gustaría poder hacerlo. La cuestión es que, si la única variable es la oración, entonces la oración debería ser considerada como parte de la medicina. Esto es algo difícil de aceptar por los médicos, puesto que se trata de una forma de curación que no implica la suministración de medicina alguna al paciente.

Desde hace tiempo he creído que cada una de las células de nuestro cuerpo tiene un patrón de energía, una «forma mórfica» que determina factores como su tamaño, su forma y su salud. Las teorías actuales mantienen que nuestro ADN es un reflejo holográfico de un campo de energía más profundo que existe en la naturaleza, un patrón que nos proporciona la forma que tenemos, así como al resto de las cosas.

Estaba emocionado por el hecho de que la oración pudiera afectar a ese campo mórfico, y tenía ganas de explorar ese aspecto de la sanación.

¿Actúan las experiencias místicas del mismo modo que la oración? Ya sabía que las experiencias místicas tenían un profundo efecto curativo en el cuerpo. En algunos estudios sobre personas que habían sanado de forma milagrosa de cáncer o alguna enfermedad del sistema inmunológico se demostraba que en la práctica totalidad de los casos, la curación estaba relacionada con alguna experiencia como la EPM, experiencias «fuera del cuerpo» o similares. Lo mismo sucede con las personas con poderes curativos demostrados: en la mayoría de los casos tuvieron una EPM o alguna otra experiencia mística en el pasado.

Todo lo anterior indicaba que el lóbulo temporal derecho estaba relacionado de alguna forma con la regulación de la experiencia curativa, al ponerse en comunicación con las «formas mórficas» del cuerpo o con la energía curativa. Mi objetivo sería explorar cómo ocurría eso.

El camino de la exploración

Leyendo la lista de preguntas para las que me disponía a encontrar respuesta, me di cuenta de que la mayoría de ellas iban a ser puramente teóricas, o incluso poco prácticas. Estas preguntas, al igual que la investigación del doctor Byrd sobre la oración, representan un área de estudios «periférica» que muchos médicos piensan que es mejor dejar al margen del contexto médico. Cuando llevaba a cabo la investigación sobre la naturaleza transformadora de las EPM, se pensaba que estaba actuando en un área fuera de los límites de lo científico. Ahora ese estudio es considerado como de primera línea y válido desde el punto de vista médico.

Mientras examinaba la lista de preguntas para las que tendría que encontrar respuesta, de pronto me acordé de Jean-Baptiste-Joseph Fourier. Este egiptólogo y matemático francés del siglo XVIII empleó los últimos diez años de su vida en desarrollar una teoría analítica del calor. El trabajo de Fourier, del que aún nos beneficiamos, condujo a grandes avances en el campo de la física matemática, así como en el de los instrumentos de diagnosis médica y de predicción del tiempo atmosférico. Sin embargo, en su tiempo, su trabajo parecía no ser de ninguna utilidad. Un día, un colega le preguntó: «¿Qué utilidad tienen estas series de ecuaciones matemáticas?». A lo que Fourier replicó: «¿Qué utilidad tiene un niño, hasta que crece y se convierte en un hombre?».

Lo mismo sucede con muchas de estas preguntas. Soy consciente de que las respuestas en mis ensayos pueden suponer sólo unos pasos de niño, pero no por ello dejan de ser pasos, y pasos que pueden conducir al descubrimiento de uno mismo.

3

La anatomía de la memoria

¿Puede existir la memoria fuera del cuerpo? ¿Puede ser almacenada fuera del cerebro? ¿Podemos acceder a esos recuerdos, del mismo modo que podemos acceder a una web en Internet? A la luz de muchos estudios, la respuesta puede ser afirmativa. Esto ayudaría a explicar casos como el de Phil. Hasta el día de hoy, Phil mantiene un punto de vista lleno de desconfianza hacia su EPM, en parte a causa de que tanto su recuerdo de los acontecimientos que le llevaron a aquella experiencia como la experiencia misma han ido desapareciendo poco a poco. Por ese motivo me pregunta con insistencia: «Pero si estuve muerto, ¿cómo es que puedo recordar lo que me ocurrió? Debo de haber estado soñando». Tenía diez años de edad cuando el coche en el que iba con sus padres cayó por un puente congelado y se precipitó al río que pasaba por debajo. Su padre murió en el accidente.

Phil era un buen ejemplo de la máxima que usábamos cuando trabajaba para el Airlift Norwest, un helicóptero de rescate: «Si no están calientes y muertos, no están muertos». Este axioma alude a los mecanismos de protección que el agua fría desencadena en el cuerpo y el cerebro. Cuando una persona cae en agua muy fría, su cuerpo bombea sangre al cerebro, dejando partes del cuerpo frías y sin apenas sangre, con el fin de que el cerebro se mantenga caliente y aún funcione. Gracias a este fenómeno, milagros como el que tuvo lugar con Phil a veces suceden, obteniéndose una total recuperación, incluso cuando la persona ha permanecido debajo del agua cerca de veinte minutos.

Phil sobrevivió tras haber estado a punto de ahogarse y teniendo una parada cardíaca completa. Poco después del accidente, me describió su EPM con gran detalle. Ahora su memoria es una pizarra blanca en la que sólo está escrita la palabra *escéptico*.

Aún continúa insistiendo en que «todo fue un sueño», no una EPM, y me enumera las razones por las que no pudo ser real. En primer lugar, no pasó por ningún túnel, sino por una especie de fideo, «pero no uno en espiral, sino de los normales, largo y tieso... ¡y con un arco iris dentro!». En segundo lugar, no encontró a Dios ni a Jesús, sino sólo «un ramo de flores». De hecho, no parece que estuviera en un paraíso humano, sino en algún tipo de «paraíso animal» en el que, sin embargo, vio a su abuela. Para Phil, esa visión fue decisiva, puesto que su abuela había muerto hacía tiempo. Y añade: «Además, las personas muertas no pueden recordar cosas, con lo que tuvo que ser un sueño».

Phil pone así el dedo en uno de los aspectos más turbadores de la EPM. Si estas experiencias verdaderamente ocurren con pacientes que están agonizando, a menudo en estado de coma, ¿cómo es posible que puedan procesar los recuerdos de lo que está teniendo lugar?

Otro de mis pacientes, de nombre Mardy, no puede explicar cómo ha podido retener los detalles de su EPM, pero lo ha hecho. Tenía ocho años de edad cuando entró en un coma diabético en la sala de emergencias. Mardy puede describir perfectamente cómo, cuando el coma se hizo más profundo, se desprendió de su cuerpo y se encontró hablando con unos seres luminosos. Estos seres le dieron a elegir entre pulsar un botón verde o uno rojo. Ella pensó que, pulsando el rojo ya no volvería a ver más a su madre, y que perdería de vista completamente la vida que conocía, así que pulsó el verde. Inmediatamente, se encontró de vuelta en su cuerpo.

Lo que recuerdan mis pacientes de estos acontecimientos, ya de adultos, el grado de detalle en que pueden hacerlo y la forma en la que estos recuerdos afectan a sus vidas, varía enormemente. Esto no es nada sorprendente. Fueron sucesos muy traumáticos que tuvieron lugar en unas edades que, en la mayoría de los casos, la consciencia y el sentido del ego aún estaban en proceso de formación.

Un manual de memoria

No existe una teoría coherente acerca de cómo trabaja la memoria. Nuestro conocimiento de la materia es como estar en una inmensa caverna con una pequeña linterna. La luz ilumina sólo una pequeña parte del interior de la caverna. Enormes áreas permanecen fuera del alcance de nuestra vista, desconocidas. Las nociones básicas de cómo la memoria es almacenada, procesada y «recordada» permanecen aún tan desconocidas que Kart Lashey, un psicólogo que ha empleado la totalidad de su vida profesional estudiando la memoria, tras haber observado a ratas de laboratorio a las que se les había extirpado el noventa por ciento de su cerebro y seguir actuando del mismo modo que cuando aún tenían el órgano completo, ha llegado a decir: «Si no supiera lo que sé, podría decir que la memoria permanece en realidad almacenada fuera del cerebro».

Sabemos que la memoria está relacionada con los lóbulos temporales derecho e izquierdo porque los daños que padece el cerebro en cualquiera de esas dos áreas interfiere tanto en la memoria a largo plazo como en la memoria a corto plazo. Además, estudios acerca de la estimulación eléctrica de los lóbulos temporales y del hipocampo muestran cómo pueden obtenerse recuerdos vívidos y percibidos en tres dimensiones cuando esas áreas son estimuladas. Sin embargo, curiosamente, no es posible evocar dos veces el mismo recuerdo estimulando la misma área. Aparentemente es como empezar un CD o una cinta de casete de forma aleatoria varias veces. Nunca puedes estar seguro de qué canción vas a encontrar en cada ocasión.

Aunque sabemos muy poco de cómo se almacenan los recuerdos, hay algunas cosas básicas de las que sí estamos seguros. Parece haber dos tipos básicos de memoria: memoria a corto plazo y memoria a largo plazo. La primera permanece durante aproximadamente seis horas y es transitoria. Si los recuerdos de este tipo de memoria no son codificados en una memoria a largo plazo, terminan por desaparecer.

Cuando las personas pasan por una EPM, a menudo sucede lo contrario. Las investigaciones sobre este campo sugieren que conforme profundizamos en un estado de coma, acercándonos a la muerte, la habilidad para procesar recuerdos parece intensificarse. Inexplicablemente, esto sucede hasta en casos de una extrema disfunción cerebral. Los recuerdos pueden volver porque el lóbulo temporal derecho se activa en el momento de la muerte, lo que causa su conexión con ese posible banco universal de memoria que existe fuera del cuerpo.

La activación del lóbulo temporal derecho ha sido bien documentada en pilotos de combate sometidos a intensas fuerzas gravitacionales (G) en las máquinas centrifugadoras donde se entrenan para los rigores psicológicos del combate aéreo. Cuando la centrifugadora alcanza de seis a ocho fuerzas G, los pilotos pierden la consciencia. Esta pérdida de consciencia es intencionada, y se provoca para probar ese estado en los pilotos.

La acumulación de sangre en el cerebro activa las mismas áreas del cerebro que se activan durante una experiencia próxima a la muerte. Los pilotos que pierden la consciencia a causa de las fuerzas G describen experiencias como sentirse fuera del cuerpo, ver a sus familias, amigos, e incluso a familiares ya falle-cidos. Dicen también que experimentan increíbles sensaciones de paz, e incluso algunos nos hablan de cómo han perdido el miedo a la muerte, del mismo modo que los niños y adultos que han sufrido una acumulación de sangre en el cerebro, como consecuencia de una enfermedad o un accidente. Y al igual que aquellas personas que han pasado por una EPM, estos pilotos re-cuerdan estas sensaciones, preservadas en su memoria. Incluso han representado la experiencia con un parche en el que apa-rece un esqueleto con un casco de piloto en la cabeza y el dedo índice apuntando un largo túnel de luz.

La conexión EPM-memoria

La naturaleza de la memoria es uno de los aspectos más estimu-lantes del estudio de las EPM. Si éstas tienen lugar en casos de personas agonizantes, a menudo en estado de coma, con graves alteraciones en la química de su cerebro, ¿cómo pueden ser ca-paces de procesar recuerdos de la experiencia? Los dioses de la medicina a los que adoré en la facultad, los brillantísimos neurólogos Fred Plum y Michael Posner, han dicho que «el co-ma borra por completo la pizarra de la consciencia». Punto. Sin excepciones. Fin de la discusión.

Pero a pesar de la insistencia de la comunidad científica ac-tual, la pregunta sigue demandando una respuesta. Si el cerebro no está funcionando, ¿cómo esa persona puede entonces tener recuerdos?

La práctica totalidad de los expertos en el campo de la cons-ciencia están de acuerdo con que consciencia y memoria están relacionados. El pensamiento científico contemporáneo está ex-plorando cada vez más la noción de que los recuerdos puedan existir independientemente del funcionamiento del cerebro. Es, desde luego, una posibilidad intrigante, y una de las pocas que ofrecen respuestas en lugar de más preguntas.

En el nivel de las neuronas

La teoría de la memoria que predomina en la actualidad es la del concepto de «red neural». Pasmados por la complejidad del cerebro humano, los fisiólogos se han vuelto hacia sistemas nerviosos tan simples como los encontrados en la babosa marina para tratar de entender el misterio de la memoria a corto plazo. La babosa marina tiene un sistema nervioso muy simple y primitivo, que responde a estímulos eléctricos o luminosos. Analizando cuidadosamente los transmisores químicos en el nivel de la comunicación, o «sinapsis» entre neuronas, se ha demostrado que los patrones y porcentajes de esa química cambian como respuesta a estímulos repetidos, y que esos cambios parecen corresponder a un comportamiento aprendido por parte de la babosa. Los cambios parecen disiparse tras seis u ocho horas, lo que es similar al almacenaje de la memoria a corto plazo. Los investigadores asumen que en los cerebros de los animales superiores existe una versión más compleja de esta red neural.

El proponente más persuasivo de la idea de las redes neurales como bloques constitutivos de la consciencia es el premio Nobel Francis Crick. Este autor, en su obra *La búsqueda científica del alma: una revolucionaria hipótesis*, en la que habla de las redes neurales y la consciencia, escribe:

> Las especulaciones [...] no son un conjunto completo y coherente de ideas, sino más bien trabajo en proceso. Creo que la vía correcta de conceptualizar la consciencia aún no ha sido descubierta. Lo que hemos tratado en esta obra tiene muy poco que ver con el alma humana [...], el lenguaje [...], las matemáticas o la resolución de problemas en general.

Esto nos dice lo poco que se sabe aún sobre la memoria.

Echando un vistazo ahí fuera

Existe otra aproximación al concepto de memoria. Ésta dice que la memoria se encuentra «empaquetada» y almacenada no dentro, sino fuera del cerebro humano. Asumiendo los postulados de esta teoría podemos llegar a un planteamiento coherente de la memoria que permitiría explicar los datos clínicos y resolver muchas de las contradicciones.

Mi propuesta consiste en que el lóbulo temporal derecho es, como ha dicho Penfield, el «córtex interpretativo», el área que organiza los recuerdos y reúne los diferentes elementos que componen el cambio en el material neural responsable de la memoria, o el «engrama mnésico». En esta teoría de la memoria remota no se considera un sistema que almacene la memoria en el interior del cerebro, sino que éste es un transmisor y receptor, que se comunica de forma directa con una fuente de recuerdos situada fuera del cerebro humano.

Por muy extraña que parezca esta teoría, es perfectamente compatible con el pensamiento científico contemporáneo. Encontramos un apoyo en la obra del doctor Karl Pribran, que investigó la memoria cuando intentaba arrojar algo de luz sobre el funcionamiento del cerebro humano. En 1940 se creía que la memoria estaba codificada en «engramas», complejos paquetes de información que contenían cosas tan variadas como el olor de las rosas, la sensación producida por un beso, o las imágenes de la familia y los amigos. Se asumía que los engramas eran codificados en neuronas específicas o por complejas acciones entre neuronas y neuroquímica.

Pribram resumió en sus escritos treinta años de estudio de la memoria. Sus obras revelaban, entre otras cosas, como el hecho de extirpar partes del cerebro de algunos animales no afectaba en absoluto a su memoria.

Mientras, Pribram se daba cuenta de que sucedía lo mismo en sus propios pacientes humanos, a los que se había extraído parte del cerebro en un intento de controlar su epilepsia. Con gran sorpresa, descubrió que la memoria de estos pacientes permanecía inalterada. Hacia 1960, Pribram ya estaba convencido de que la memoria estaba distribuida por todo el cerebro, y que cada parte del cerebro contenía la totalidad de sus recuerdos.

Esto le llevó a enunciar su teoría holográfica, en la que cada pieza de un objeto contiene el modelo para el objeto completo. Pribram demostró que todas las partes de cerebro funcionaban del mismo modo. Descubrió, por ejemplo, que la visión en las ratas parecía procesarse de forma holográfica. Con más de un noventa por ciento de sus nervios ópticos eliminados, las ratas aún podían ver bien.

Pribram llevó a cabo una serie de experimentos con el fin de demostrar de forma concluyente que ni siquiera existía una correspondencia directa entre lo que creemos que vemos y la actividad eléctrica de las neuronas en nuestros ojos. Su conclusión fue que nuestros ojos construyen nuestro modelo de realidad, y que son menos parecidos a unas cámaras de vídeo de lo que creíamos. Escribió: «Estos resultados experimentales son incompatibles con la idea de que una imagen similar a una foto es proyectada en el córtex [durante el proceso de la visión]».

Hemos estado buscando la memoria en la estructura física del cerebro, en las neuronas o en los neurotransmisores que actúan entre las neuronas. En la teoría de Pribram, la memoria y otros procesos cerebrales no tienen lugar exclusivamente en la comunicación entre las neuronas, sino en las innumerables ondas y patrones de energía que se entrecruzan en el cerebro. Las neuronas del cerebro generan una innumerable y caleidoscópica variedad de patrones. Ésta es la fuente de las propiedades holográficas del cerebro y del área de almacenaje de los recuerdos.

«El holograma estuvo allí todo el tiempo, en la [...] naturaleza misma de la conectividad de las células cerebrales, sólo que no nos habíamos dado cuenta», observó Pribram. Este modelo explica la increíble vastedad de la memoria, capaz de almacenar una ingente capacidad de información. El cerebro tiene cerca de cien millones de neuronas, algunas con más de cien mil conexiones con las que se envían señales a otras neuronas. El número de decisiones posibles supera con mucho la capacidad de los más avanzados ordenadores.

Esto explica nuestra capacidad para recordar y para olvidar. La memoria es similar a un rayo láser proyectado sobre un fragmento de película con el fin de encontrar una cierta imagen. En ocasiones, nuestro rayo láser interno no se proyecta con tanta intensidad, lo que provoca la frustrante experiencia de saber que conoces un nombre o un lugar, sin ser capaz de recordarlo.

También explica la memoria asociativa. Basada en el concepto holográfico del almacenaje de la memoria, consiste en lo siguiente: múltiples imágenes y acontecimientos pueden procesarse y superponerse de forma simultánea los unos sobre los otros, creando otro estrato de complejidad. Por ejemplo: el patrón de la onda cerebral para un sillón puede superponerse al patrón de los recuerdos verbales del texto de un periódico, superpuesto a su vez a la imagen visual de una foto en el periódico. Así, cuando una persona vea un sillón, recordará todo el patrón, evocando el recuerdo de haber leído algo en el periódico.

El físico Pieter van Heerden descubrió un fenómeno que conocemos con el nombre de «interferencia holográfica», y que demuestra que los hologramas no sólo almacenan imágenes, sino también conceptos como similitudes y diferencias entre imágenes. Este importante concepto explica cómo podemos percibir que el rostro de alguien se parece al de nuestro hermano, sin serlo.

Apoyo para una teoría

Las teorías de Pribram han recibido un apoyo experimental y matemático considerable. El biólogo Paul Pietsch, de la Universidad de Indiana, demostró que, cuando a una salamandra se le extrae el cerebro, ésta permanece viva, aunque en un estado de estupor. Cuando el órgano se le es reimplantado, el animal regresa a su actividad normal. El caso es que no importa demasiado en qué estado se le devuelva el cerebro. Podemos dar la vuelta a los hemisferios, implantarlos al revés, reimplantar sólo pequeños fragmentos, revolverlos, trocearlos, agitarlos o picarlos; la salamandra se comportará de forma normal siempre y cuando una parte de su cerebro continúe presente, por muy pequeña que sea.

Encontramos apoyo matemático para estos conceptos en las formas de Fourier, que reciben su nombre del matemático del siglo XVIII Jean-Baptiste-Joseph Fourier, quien creó ecuaciones matemáticas que podían convertir complejas ondas en imágenes visuales y viceversa. Sus teorías son el equivalente matemático del proceso que tiene lugar cuando una cámara de vídeo transforma una imagen en frecuencias electromagnéticas y a éstas de nuevo en imágenes. El físico Dennos Gabor usó las formas de Fourier para demostrar la base matemática que existía tras el holograma. Su trabajo le hizo merecedor del premio Nobel en 1971.

En 1979, los neurólogos de Berkeley Russel y Karren DeValois demostraron que las células cerebrales encargadas de procesar el sistema visual del cerebro no respondían a señales individuales de receptores individuales en la retina, sino más bien a un aparentemente desordenado patrón de señales dispuestas de forma matemática para representar formas de Fourier. Su investigación reveló que el lenguaje del cerebro es el de unas complejas ondas de interferencia que pueden ser decodificadas matemáticamente para representar imágenes, sonidos y sensaciones.

Si el cerebro es un holograma y percibe el mundo en términos matemáticos y holográficos, e incluso nuestros cuerpos obedecen al lenguaje de las matemáticas, ¿de qué está hecho el mundo? ¿Cuál es la realidad que perciben nuestros ojos, no la que percibe nuestro cerebro y recrea de acuerdo a unos dictados matemáticos?

El físico Nick Hebert usó esta analogía para hacer frente al dilema: «El mundo es una sopa de cuantos absolutamente ambigua que fluye sin cesar tras nuestras espaldas. Cada vez que nos giramos rápidamente para ver la sopa fluir, ésta se congela, y se convierte en la realidad ordinaria. Los humanos nunca pueden experimentar la verdadera textura de la realidad cuántica, porque todo lo que tocamos se convierte en materia».

Según la física moderna, lo que consideramos real no lo es más que una pantalla de un videojuego. En la superficie de la pantalla, dos personas pueden aparentar estar jugando al tenis, lanzándose la pelota el uno al otro. En realidad, hay un programa por debajo que está detectando las señales matemáticas de los operadores y traduciéndolas en movimientos de los jugadores y de la pelota. En realidad, las personas que aparecen en la pantalla no están golpeando la pelota en absoluto, sino que todo el juego responde a las acciones de un programa subyacente.

Siguiendo nuestra teoría de la memoria extracerebral, es decir, memoria que existe fuera del cuerpo físico, es evidente que hay mucho espacio de almacenaje para los recuerdos en los patrones siempre cambiantes de la vida subatómica. Cada centímetro de espacio contiene la energía de un trillón de bombas atómicas y tiene la capacidad de almacenar la información de todos los ordenadores de la Tierra.

El escritor de temas científicos Michael Talbot resumió esta visión del mundo con las siguientes palabras: «Nuestros cerebros construyen matemáticamente la realidad objetiva interpretando frecuencias que son, en último término, proyecciones de otra dimensión, un orden de existencia más profundo más allá del espacio y el tiempo. El cerebro es un holograma rodeado por un universo holográfico».

Una nueva comprensión

La historia real es mucho más compleja y es un punto de partida para una nueva comprensión de la forma en la que trabaja el cerebro. John Archibald Wheeler, físico de Princeton, es uno de los más elocuentes representantes de esta nueva comprensión del cerebro y de la mente. Él cree que vivimos en un universo participativo, en el que vida y mente están entretejidos en la trama del universo. En esa teoría, los recuerdos están almacenados a nuestro alrededor. Permanecen almacenados en modelos de vida, los mismos modelos que podemos percibir cuando vemos un árbol u oímos el canto de un pájaro.

Mi teoría asigna sólo memoria a corto plazo a los trabajos del cerebro. Este tipo de memoria depende de las interacciones electroquímicas en las neuronas. Los recuerdos a corto plazo, al igual que todas las sensaciones, pensamientos, imágenes y funciones motoras del cerebro están siendo continuamente clasificados y procesados por una parte de nuestro cerebro conocida como el hipocampo. Posteriormente son mezcladas con antiguos recuerdos y emociones por el sistema límbico. Después, la memoria es transferida al lóbulo temporal derecho, donde, según creo, se une a los patrones universales de energía que nos rodean y que constituyen el universo.

Podemos hacer una serie de asunciones sobre la memoria basándonos en esta teoría, algunas de las cuales la investigación científica no dudará en hacer suyas en un futuro.

- ✔ Bebés y fetos pueden ser capaces de procesar recuerdos. La teoría neurológica convencional no considera la posibilidad de que existan recuerdos prenatales o infantiles, a pesar de haber un gran número de datos clínicos que demuestran la existencia de ese tipo de recuerdos.
- ✔ Todos los recuerdos son una mezcla compleja de recuerdos reales y falsos. Esto incluye las «revisiones» de la vida que tienen lugar en las EPM. En un futuro se podrán realizar ex-

perimentos para determinar si los recuerdos que aparecen en esas «revisiones» son más exactos que otros tipos de recuerdos.

✔ Los recuerdos de vidas pasadas tienen una fuente común. Las personas que tienen experiencias de vidas pasadas pueden estar tomándolas del «tejido de memoria» del universo, o de algún otro tipo de fuente de memoria fuera del cuerpo.

La posible existencia de un «tejido universal de memoria» explica cómo, en las «revisiones de vida» que tienen lugar en las EPM, todos los recuerdos, sentimientos y sensaciones se experimentan de forma simultánea. Éstas y todos los demás recuerdos están almacenados juntos. También explica por qué acuden diferentes recuerdos cuando se estimula el mismo punto del lóbulo temporal derecho una y otra vez. El lóbulo es más un receptor/transmisor que un instrumento de almacenaje. El hecho de estimular el mismo punto de forma repetida hace que aparezca cada vez una imagen diferente, del mismo modo que si encendiéramos y apagáramos la televisión una y otra vez.

El almacenaje de información en formas holográficas es fundamental para el universo, mientras que el tiempo, según algunos físicos, no lo es. Desde su punto de vista, el tiempo no existe, y todo lo que ha ocurrido u ocurrirá, está ocurriendo al mismo tiempo y de una sola vez, como parte del tejido de memoria del universo.

La investigación sobre este tema se ve reforzada por los niños que nos dicen que ese tejido de memoria existe como una suerte de «casa de Dios», y que el visitarla fue parte de su experiencia próxima a la muerte.

No supone un gran salto de lógica comprender la existencia de una memoria universal que exista libre de las limitaciones del tiempo, como una parte de una consciencia universal en evolución. Representa simplemente una reinterpretación de la información clínica que actualmente disponemos sobre la memoria.

Los neurólogos aceptan que el cerebro y el cuerpo son bioelectroquímicos en la naturaleza, pero hemos tendido a ignorar los aspectos electromagnéticos de la neuroquímica. El cerebro está generando constantemente incontables patrones y corrientes de energía electromagnética. Yo sugiero que esas corrientes crean patrones de energía que entran en contacto con un patrón de energía universal que apuntala, en un nivel subatómico, toda la realidad.

Lo que los físicos y los niños nos dicen es, de hecho, cierto: hay un espacio intemporal a través del cual tenemos acceso a la memoria o a las intuiciones místicas. Por alguna razón, el cerebro agonizante entra en contacto con ese tejido de memoria. Las personas que regresan tras un encuentro con la muerte, normalmente cambian muchos de sus patrones de conducta. Desean cambiar de trabajo o incluso de familia. El botón de puesta a cero ha sido pulsado en ese encuentro con el patrón de energía universal. Han sido transformados e imbuidos de un nuevo potencial. En esencia, fueron transformados por la luz mística.

4

¿Tienen memoria las almas?

Una pareja trajo a su hija de cuatro años de edad a mi consulta. Los padres se encontraban en un estado de perplejidad. Desde que la niña había cumplido los tres años y durante casi un año, ésta venía hablándoles de «su otra madre». Y precisaba: «No me refiero a ti, mamá. Hablo de antes de ti».

La niña había estado describiendo a sus confundidos padres lo que ellos suponían que se trataba de una vida anterior. En ella, su hija había nacido en un lugar en el que la gente tenía la piel morena o negra. Les dijo que era muy anciana y que andaba apoyándose en un bastón. Donde ella vivía había otros ancianos que no podían mover la mitad de su cuerpo o partes de su rostro, afectados por algún tipo de parálisis.

La niña hizo descripciones muy detalladas de su vida como una anciana en un poblado de África y cómo, cuando murió, se transformó en una bola de luz y entró en el vientre de su nueva mamá.

Los padres me trajeron a la niña varias veces a lo largo del año siguiente. Cuando cumplió los cinco, ya no recordaba nada de su supuesta vida pasada ni volvió a hablar nunca más de ella.

Yo había oído otra historia parecida acerca de una niña que recordaba lo que parecía ser una vida pasada. La madre contaba que, desde que la niña tuvo capacidad de hablar, comenzó a contar cosas sobre otro padre y otra madre. Decía que había vivido en una casa con un gran jardín. Su padre era piloto y muy mayor, y su madre era una mujer muy buena. Dio muchos detalles de lo que parecía ser una vida típica de las zonas residenciales de una ciudad estadounidense.

Aunque no pudo dar detalles que pudieran ser verificados (su nombre o el de sus padres, la dirección de la calle, el nombre de la ciudad o cómo murió en esa vida anterior), la historia parecía ser algo más que el producto de una imaginación activa.

La niña hablaba en numerosas ocasiones de esos supuestos padres anteriores, preguntándose si la echarían de menos. Era muy seria en sus descripciones y no parecía querer obtener ningún beneficio como consecuencia de la narración. Sus padres eran presbiterianos, aunque escasamente practicantes y, desde luego, no creían en la reencarnación.

Algo llamativo de todas estas historias contadas por los niños es lo prosaicas que son. Normalmente, cuando un adulto cuenta que recuerda su vida anterior, la sitúa en escenarios bastante teatrales: como esclavo de un faraón o como un noble en la antigua Roma. Las historias de estos niños, por el contrario, destacan por su sobriedad.

En los últimos años se han puesto de moda las técnicas de regresión, que ayudan a algunas personas a traer a la consciencia recuerdos de vidas pasadas. Por lo general, científicos y teólogos no consideran estos recuerdos más que como una fantasía, productos de una imaginación hiperactiva o simplemente mentiras. Por otro lado, todos aquellos que están dispuestos a reconocer que hay muchas cosas sobre la memoria que desconocemos, están examinando de cerca los testimonios de vidas pasadas, con el fin de tratar de encajar esas piezas en el puzle que supone la memoria.

El misterio de las vidas pasadas

Otros aspectos de este fenómeno también merecen una investigación más extensa. Hay, por ejemplo, casos en los que dos niños diferentes y que viven en sitios distintos han dicho recordar la misma vida anterior. En tanto que es imposible que hayan podido ser la misma persona en esa vida pasada, lo único que ha podido suceder es que hayan accedido al banco de memoria de esa persona después de que ésta falleciera.

En ocasiones la cantidad y la precisión de los detalles es tan desconcertante que debemos plantearnos la posibilidad de que se trate de algo más que pura casualidad. Tomemos el caso del psicólogo británico sir Cyril Burt, de la Universidad de Oxford. Burt hipnotizó a un estudiante ciego de esa universidad. Una tarde, mientras se encontraba bajo el estado de hipnosis, el estudiante comenzó a habar con una voz extraña. Dijo que era un carpintero egipcio que se encontraba tallando unas tablas en la tumba «del rey en su estancia». Describió un águila, una mano, un zigzag y un dios en un escalón tocado con una brillante corona que le designaba como rey del Alto y Bajo Egipto. El carpintero/estudiante de filosofía dio una vívida y detallada descripción del interior de la tumba.

Ocho meses más tarde, sir Cyril Burt pudo leer en los periódicos una noticia que hablaba de un acontecimiento que había tenido lugar al mismo tiempo que el estudiante hablaba bajo el efecto de la hipnosis. Se trataba del descubrimiento por sir Flinders Petrie de la tumba del faraón Semti (3200 a. C.) de la primera dinastía, cuyo nombre místico era Den*. Den Semti fue el primer gobernante egipcio en llevar el título de «rey del Alto y Bajo Egipto». A menudo recibía el nombre de «dios de los escalones» y llevaba una corona blanca emblemática. Estos

---

* En inglés, uno de los significados de la palabra «den» es «estancia». (*N. del T.*)

detalles no fueron transmitidos por la prensa más que ocho meses después de que el estudiante describiera la tumba en estado de hipnosis.

En muchos casos de regresión a una vida pasada, el paciente aporta unos detalles, en ocasiones vívidamente descritos, que el investigador debe contrastar estudiando los registros históricos. El problema en estos casos es la sospecha de que, de alguna forma, el sujeto haya estudiado esos mismos datos históricos y que todo sea producto, bien de una broma de mal gusto, bien de un recuerdo inconsciente de recuerdos reprimidos. A menudo los datos son demasiado vagos, e incluso investigadores especialmente motivados, tras una larga búsqueda, puede que sólo encuentren algo remotamente similar en los registros históricos.

El caso siguiente es algo único, en tanto que participaron en la investigación historiadores independientes y objetivos. Las sesiones de hipnosis fueron dirigidas por Loring Williams, un experto en regresiones, y tuvieron como objeto un adolescente de quince años de Nueva Hampshire llamado George Field.

Cada vez que George era sometido a una regresión, se convertía en un granjero de la época de la guerra civil norteamericana llamado Jonathan Powell que, según sus palabras, había sido asesinado por «los malditos yanquis». George describió la geografía de su ciudad, Jefferson, los nombres de sus familiares, y la localización de una iglesia cuáquera en las proximidades. Aportó muchos detalles, y durante una sesión dio el nombre del condado en el que se encontraba la localidad de Jefferson, así como la posición y los nombres de las principales calles de la ciudad.

El hipnotizador llevó a George a Carolina del Norte, donde jamás había estado antes. Allí solicitaron la colaboración del historiador de la ciudad de Jefferson, quien asistió a las sesiones de hipnosis. En una de ellas formuló la siguiente pregunta: «¿Conoces a Jonathan Baker?». George contestó: «Sí, le he visto algunas veces. Tiene bastante dinero y siempre está hablando de ello. Creo que tiene unos cuantos esclavos». Sus respuestas eran tan exactas que incluso el escéptico historiador estaba atónito.

Como Jonathan, George identificó muchos otros nombres de habitantes, sus ocupaciones, los lugares donde vivían y el nivel económico de estas personas. También narró las circunstancias de su propia muerte. Al parecer, había sido asesinado por soldados de la Unión vestidos con uniformes grises. El historiador reconoció que, efectivamente, era una práctica habitual entre los soldados de la Unión que merodeaban por la zona, el vestir uniformes rebeldes durante el saqueo de Carolina del Norte.

El detalle final del caso llegó tras ser publicado en la revista *Fate*. Una suscriptora escribió a la publicación para decir que ella era la sobrina nieta de Jonathan Powell y que, efectivamente, éste había sido asesinado por soldados de la Unión. Los investigadores consideran éste como el «caso perfecto» que prueba la realidad de la reencarnación. Yo pienso que también resulta «perfecto» para probar la existencia de un banco de memoria universal, un lugar en el que todos los recuerdos se almacenan.

Confirmado y exacto

Otra historia de vida anterior que ha pasado por una rigurosa investigación ha sido la de Kumkum Verna, una mujer nacida en 1955 en Bahera, una ciudad en el norte de la India. Kumkum empezó a hablar de su vida pasada cuando tenía tres años. Al parecer, en su existencia anterior había vivido en Urdu Bazar, una ciudad próxima. Contó que había muerto como consecuencia de haber sido envenenada por su cuñada, junto con otros muchos detalles. Sus padres eran bastante escépticos, pero tomaron nota de sus palabras, registrando por escrito todo lo que decía sobre su vida pasada. Esto incluía una descripción de su casa, en la que se daba cuenta de la existencia de una caja fuerte de hierro, la presencia de una cobra como mascota y un árbol de mango cerca de su casa. Al ser tan pequeña, en ocasiones no tenía vocabulario suficiente para describir las cosas, con lo que usaba la mímica para poder transmitir la información. Para explicar que su hijo era herrero, describía con las manos el uso de martillos y fuelles.

Al cumplir los seis años, y tras haberse recogido una gran cantidad de datos proporcionados por sus testimonios, un profesor local investigó el caso y lo encontró extraordinariamente coherente y exacto. El doctor Ian Stevenson, investigador de la Universidad de Virginia que ha dedicado su vida al estudio de los recuerdos de vidas pasadas, investigó de nuevo el caso en 1964, cuando la niña tenía diez años. También encontró los recuerdos sumamente exactos. Muchos de los detalles eran extremadamente específicos. Por ejemplo, la niña había dicho que en un momento dado había tenido que vender sus joyas para poder sobrevivir. También sabía que la mujer mantenía una cobra como mascota.

Un investigador itinerante

El doctor Stevenson ha viajado prácticamente a todos los países del mundo estudiando a niños que parecen haber nacido con recuerdos de vidas anteriores. Entre los niños que ha estudiado, los recuerdos empiezan a aparecer en cuanto el niño es capaz de hablar, se debilitan entre los cinco y los diez años y terminan por desaparecer completamente.

La mayoría de estos casos proceden de culturas que creen en la reencarnación, como la India. Sin embargo, ha podido recoger una buena colección de casos creíbles en los Estados Unidos, Turquía, Europa y Asia. En total, ha catalogado más de dos mil casos y ha publicado docenas de artículos y libros, algunos de ellos en la editorial de la Universidad de Virginia.

Uno de sus casos más famosos fue el de Chanti Devi, una niña india que vivió en los años treinta. Cuando tenía siete años, empezó a hablar de una vida pasada en Delhi, en la que había tenido el nombre de Ludgi. Había nacido en 1902, se había casado y había tenido tres hijos. Su muerte había tenido lugar a consecuencia de complicaciones en el parto de su tercer hijo.

En 1935, el caso alcanzó su clímax cuando un primo del supuesto marido de Chanti en su vida pasada visitó su casa. La niña le reconoció inmediatamente y el hombre pudo verificar gran parte de la información que ella daba. El marido de Ludgi aún vivía en ese tiempo y, como es natural, quiso conocer a esa niña personalmente. Se presentó en la casa sin avisar y sin identificarse. Chanti le reconoció inmediatamente. La llevaron a la que había sido su casa en su existencia anterior, y allí pudo identificar un pozo que había sido excavado cuando ella vivía allí, pero que en esos momentos estaba cegado y completamente oculto a la vista.

El caso fue cuidadosamente investigado por las autoridades locales, así como por una comisión que incluía a jueces, abogados y ciudadanos, considerándose finalmente como auténtico. El caso de Chanti Devi se convirtió en el modelo para la investigación científica sobre vidas pasadas, así como otro más en una larga lista de casos que refuerzan la creencia en la reencarnación.

Ahora y entonces

La mayoría de los investigadores se han concentrado en intentar comprobar la exactitud de los detalles de vidas pasadas. Cuando las informaciones aportadas por los testimonios son verificadas, como ocurre con los casos mencionados anteriormente, la conclusión es que son una prueba de un caso auténtico de reencarnación. Otros, entre los que se incluye el profesor Charles Richet, uno de los principales fisiólogos de Francia, así como investigador de lo paranormal, y el doctor Edwin Zolik, de la Universidad de Marquette, se han concentrado en las vidas actuales de los sujetos, y a menudo han encontrado la verdadera fuente de esos recuerdos de vidas pasadas.

De uno de ellos, por ejemplo, que hablaba griego perfectamente cada vez que aparecían los recuerdos de su vida pasada, se descubrió que había obtenido sus conocimientos de la gramática que se podía encontrar en un diccionario griego-inglés. En otro caso, la persona estudiada decía haber muerto en su vida anterior a consecuencia de la caída del caballo. Más tarde se descubrió que su abuelo había muerto de esa forma. El accidente ocurrió cuando el sujeto era muy pequeño y, sin embargo, había conservado un recuerdo de aquello.

La doctora Reima Kampman, psiquiatra de la Universidad de Oulu, en Finlandia, comenzó su investigación sobre regresiones a vidas pasadas en los años sesenta, estudiando a doscientos estudiantes de edades comprendidas entre veinte y veintidós años

La doctora Kampman encontró que era relativamente sencillo hacer brotar en los estudiantes recuerdos de vidas pasadas al hipnotizarles. De hecho, casi la mitad de los estudiantes de su estudio tuvieron recuerdos de ese tipo. Al estudiar las características de aquellos estudiantes, descubrió que aquellos en los que aparecían esa clase de recuerdos tenían mejores actitudes mentales en la vida que aquellos en los que no aparecían, llegando incluso a afirmar que eran menos neuróticos y que podían sobrellevar mejor el estrés.

Ellos le contaron en estado de hipnosis los orígenes de los recuerdos de sus vidas pasadas. Prácticamente en todos los casos, los sujetos de su investigación pudieron recordar dónde habían obtenido la información.

Un caso dramático tenía como protagonista a una chica de diecinueve años que pudo recordar ocho vidas pasadas. En una de ellas, dio una detallada descripción de un ataque aéreo de la aviación nazi sobre Finlandia. En las otras pudo dar los nombres de sus padres, su dirección, etc. Resultó que había obtenido la información de forma casual, en un libro de la biblioteca. Bajo hipnosis, pudo dar el nombre del libro y el autor, e incluso en qué parte del libro se encontraban los datos que había aportado.

El caso de Edgard Ryall, también estudiado por el doctor Stevenson, es otro ejemplo de lo anterior. Ryall vivía tranquilamente en el condado de Essex, en Inglaterra. Tenía aproximadamente setenta años cuando recuerdos de otra vida que no era la suya empezaron a aparecer en su memoria. Los recuerdos aparecían en estado consciente, no bajo hipnosis. Recordaba perfectamente haber nacido en 1645 y haberse criado en una granja en Inglaterra. Su nombre era John Fletcher. Sus padres murieron siendo él muy joven, y siendo aún adolescente, abandonó la propiedad familiar. Se casó, tuvo dos hijos y murió en la guerra civil en el año 1680.

Los detalles de esta historia, junto con las vívidas descripciones de la vida en el siglo XVII, hicieron que se considerara este caso como una auténtica prueba de memoria de una vida anterior. Pero según Stevenson avanzaba en su investigación, iba encontrando discrepancias en la historia de Ryall. Una de ellas, por ejemplo, era el uso incorrecto del inglés antiguo (de hecho, las palabras que usaba ya eran arcaicas en el siglo XVII) y la distribución del paisaje. Finalmente, se llegó a la conclusión de que se trataba de un caso de criptomnesia, la recopilación inconsciente de material procedente de lecturas y experiencias que aparecen en el consciente. Hubo muchos casos a lo largo del siglo pasado en los que médiums profesionales, psíquicos o personas normales tuvieron recuerdos de vidas anteriores que procedían directamente de libros de historia o novelas.

La razón por la que esto ocurre permanece oscura. De algún modo, material procedente de la literatura se dispersa por entre nuestros propios recuerdos, hasta el punto de que creemos que pertenecen a nuestra historia personal. Por ejemplo: un niño puede leer una historia. Aunque el recuerdo de esa historia desaparece de la consciencia general, fragmentos de esa información son almacenados como si fueran recuerdos personales.

Verdaderamente inexplicable

Sin embargo, muchos casos de recuerdos de vidas pasadas no pueden justificarse invocando la criptomnesia. A menudo, los recuerdos de vidas anteriores contienen información desconocida para nuestra sociedad en el momento en que es transmitida. En otros casos, en el recuerdo de la vida pasada hay información a la que es imposible que la persona haya podido acceder. Esto incluye información detallada sobre la vida y las circunstancias de personas anónimas a la que estudiosos e historiadores sólo tienen acceso tras una larga investigación.

Por ejemplo, aún queda una buena cantidad de casos que no sólo incluyen recuerdos de gente y lugares, sino también habilidades personales, lo que no deja de confundir a los expertos. Un ejemplo de esto es el caso de un niño indio que, a los cinco años, podía describir con precisión detalles de una vida anterior. Se le llevó a la casa en la que había vivido en su supuesta existencia anterior y, además de reconocer a su familia, comenzó a tocar los tambores con gran habilidad. Nunca había aprendido a tocar, pero la persona que él sentía que había sido sí lo hacía.

Lo que hace de casos así un verdadero reto para la comprensión es que habilidades como tocar los tambores implica mecanismos y elementos neurológicos diferentes a aquellos que almacenan imágenes y lenguaje. La habilidad para tocar un instrumento a menudo es inconsciente e implica complejas interacciones entre las áreas motoras en el cerebro. Una de esas áreas, por cierto, se encuentra en nuestro lóbulo temporal derecho.

Aún más extraña es la opinión del doctor Stevenson acerca de que incluso las marcas de nacimiento pueden indicarnos algo acerca de la memoria de una vida pasada. Stevenson ha recopilado cientos de historias en las que, por ejemplo, un niño recuerda haber vivido una vida anterior en la que murió de un disparo en la cabeza, mostrando ese niño desde su nacimiento una marca idéntica a la que produciría un disparo en esa parte de su cuerpo.

Otra historia turbadora es la de Victor Vincent, un indígena de la etnia tlingit, en Alaska. Hacia el final de su vida, en 1946, comenzó a sentirse especialmente próximo a su sobrina, hasta el punto de predecir que nacería de nuevo como el hijo de ésta, y que sería reconocido por las marcas de nacimiento. Vincent tenía una cicatriz en su espalda, resultado de una operación quirúrgica a la que tuvo que someterse, y otra bajo la nariz.

En diciembre de 1947, casi dos años después de la muerte de Vincent, la sobrina dio a luz un niño. Éste, Corliss Chotkin, tenía dos marcas de nacimiento exactamente en los mismos lugares en los que su tío abuelo tenía las cicatrices. Cuando el niño tenía un año, las primeras palabras que dirigió a su madre fueron: «¿No me conoces? Soy Vincent». El niño comenzó a dar numerosos detalles de la vida de su tío abuelo, pero a los nueve años ya había olvidado todo.

Mi opinión inicial es que este caso se trataba de un ejemplo de paramnesia, un fenómeno que tiene lugar cuando las expectativas de la familia crean recuerdos que se implantan en el niño. Ciertamente, el niño debe de haber crecido oyendo comentarios sobre el deseo de su tío abuelo de reencarnarse en la descendencia de su sobrina. Esas expectativas pueden generar mitos familiares que el niño puede vivir de forma inconsciente. Sin embargo, la paramnesia no explica que el niño naciera con marcas que coincidían con las cicatrices.

Miedos y fobias también han sido transmitidos como un aspecto más de los recuerdos de vidas anteriores. Un caso paradigmático es el de una mujer de Tejas que contó como durante años había estado obsesionada con sueños en los que caminaba por la pasarela de un puente, del que finalmente caía. Esos miedos no tenían aparentemente nada que ver con su vida cotidiana. Un día, en un número de la revista *Life* vio una imagen del puente que aparecía en sus sueños.

Dijo: «La imagen del puente fue tomada desde el mismo ángulo desde el que yo me acerco en el sueño. El artículo que acompañaba la fotografía la identificaba como la primera pasarela construida sobre el East River, previa a la construcción del puente de Brooklyn en 1870. También hablaba de cómo un gran número de personas, hombres y mujeres, habían muerto al caer desde el puente. Estoy convencida de que yo fui una de esas personas, porque, tras leer el artículo, jamás he vuelto a tener ese sueño y el miedo que he padecido a lo largo de toda mi vida a caer desde una altura ha desaparecido».

Muchas personas que creen en la realidad de la reencarnación proponen casos semejantes como una prueba de la existencia de vidas pasadas. Su argumento es que, al haber una fobia o un miedo que puede ser documentado y que desaparece como resultado del descubrimiento del recuerdo de una vida anterior, esa «vida anterior» debe ser real. Hay, desde luego, algunas investigaciones que parecen confirmar esto. Hemos aprendido de la investigación de falsos recuerdos, por ejemplo, que cuando un trauma real tiene lugar, frecuentemente se producen fobias y miedos. Sin embargo, cuando son implantados falsos recuerdos, rara vez generan fobias o miedos.

Convergencia de la memoria

Si hay un punto de convergencia para EPM, criptomnesia, vidas anteriores, reencarnación, falsa memoria y otros fenómenos anómalos relacionados con la memoria, debe de encontrarse en el lóbulo temporal derecho, probablemente anclado en el «repaso vital» tal y como es experimentado por los niños a los que he estudiado. Más que fijarnos en la validez de este repaso vital, creo firmemente que es más valioso aceptar las lecciones que puede ofrecer.

El repaso vital es un tiempo para aprender, para interactuar con nosotros mismos en un estado único de consciencia dual. Durante estas revisiones, la persona es testigo de importantes escenas de su propia vida, y aprende de ella. Un ejemplo de esto es Dannion Brinkley. En su libro *Salvado por la luz* describe cómo la revisión de su vida incluía escenas de cuando, durante su infancia, maltrataba a algunos de sus compañeros de clase por el simple motivo de que podía hacerlo. Nos cuenta cómo, durante la revisión de su vida, pudo sentir todo el dolor que había infligido a los demás.

Desde nuestra comprensión convencional de cómo trabaja la memoria, esto puede parecer un «adorno» que Dannion añadió posteriormente. Aunque es posible suponer que tuviera recuerdos de su época de matón, el pensamiento convencional no puede aceptar que alguien pueda «recordar» el dolor de otra persona.

Sin embargo, eso no es lo que describe Dannion ni ninguna otra persona que haya sido testigo de un repaso vital como consecuencia de una EPM. En lo que ellos hacen hincapié es en el hecho de que podían sentir el dolor físico y mental desde la perspectiva de la víctima, y que esa experiencia les hizo crecer espiritualmente y experimentar una transformación. En realidad, accedieron al banco de la memoria universal y, allí, pudieron sentir las experiencias de esas otras personas.

A todos los niveles

Creo que los recuerdos vívidos pueden imprimirse de un modo especialmente intenso y dominante en el campo universal de energía. Estos recuerdos se expresan según patrones impredecibles, aunque reconocibles. Esto explica las marcas de nacimiento, en los casos en que personas que creen haber tenido una encarnación anterior a su existencia presente, tienen marcas que corresponden con las heridas de aquel que supuestamente fueron antes.

Finalmente, tenemos un mecanismo para comprender lo que el doctor Stevenson piensa que es la más evidente prueba de la memoria universal: estos casos de marcas de nacimiento. Estas características físicas están codificadas en los campos de memoria universal que nos rodean, y que pueden encontrarse en la silla en la que nos sentamos, en la hierba, en las nubes... Se encuentran ocultos en las imágenes visuales o auditivas con las que estamos siendo constantemente bombardeados.

Tales campos o patrones son almacenados de forma similar en el feto en desarrollo. Según éste evoluciona, grabadas en el plan biológico de ese organismo en desarrollo, se encuentran las instrucciones genéticas para las mencionadas marcas de nacimiento. Éstas están determinadas genéticamente, codificadas con el ADN que crea el patrón de la vida en desarrollo. Así, cuando alguien fallece con una muerte dramática, como puede ser un ahogamiento, ese ser puede tener miedo al agua en su siguiente existencia.

Esos patrones pueden expresarse de forma imprevisible, ya que existen en la realidad subatómica, que no es perceptible a nuestros sentidos. Después de todo, la mayor parte de la vida tiene lugar a niveles imperceptibles para nosotros. En ese sentido, la vida puede parecer ser de lo más irracional, aunque se manifieste siguiendo estructuras firmemente establecidas.

No hay coincidencias

Todo esto, sin embargo, no responde a la pregunta que me han hecho tantas veces: «Doctor Morse, ¿cree en la reencarnación?».

Teniendo en cuenta toda mi investigación, debería responder a esa pregunta con un sonoro: «Probablemente». No sólo es una creencia común a lo largo de todo el mundo, incluido el mundo occidental, como son los Estados Unidos o Europa, sino que está respaldada por excelentes investigaciones. El trabajo del doctor Stevenson, por ejemplo, va mucho más allá de una mera investigación anecdótica. En sus estudios examina con gran detalle todos los aspectos de cada caso. Presenta cada caso en forma de un gráfico similar a un árbol de familia, en el que recoge los nombres de todas las personas con las que ha verificado las informaciones del caso. Algunas de estas tablas de pruebas se extienden a lo largo de varias páginas, y están extraordinariamente detalladas.

Al leer las obras de muchos otros buenos investigadores del tema de la reencarnación, he llegado a la misma conclusión a la que llegó el habitualmente escéptico Carl Sagan en su última etapa: «Hay tres temas en el campo de las experiencias próximas a la muerte que, en mi opinión, merecen un estudio serio, y uno de ellos es el de esos niños que a menudo relatan detalles de vidas anteriores que han sido comprobados».

Uno de esos casos procede de los archivos del doctor Stevenson. Parmod Sharma nació en 1944 en la India, en la familia de un profesor. Le cedo la palabra a Stevenson:

«Cuando tenía aproximadamente dos años y medio, comenzó a decirle a su madre que no era necesario que cocinara, porque él tenía una esposa en Moradabad que podía hacerlo. Más tarde, entre los tres y los cuatro años, comenzó a referirse a una gran tienda de refrescos y dulces que, según decía, tenía en Moradabad. Finalmente, pidió que le llevaran a esa ciudad donde, según decía, había sido uno de los «hermanos Mohan». Decía que gozaba de una buena posición económica y que tenía otra tienda en Saharanpur. Siempre mostró un gran interés por los dulces y las tiendas. Contó como, en su vida anterior, había caído enfermo tras comer demasiada cuajada y había muerto en la bañera».

Stevenson entrevistó al niño durante largo tiempo y preguntó a la familia. Los miembros de ésta le dijeron que el niño jamás había tenido conocimiento o relación alguna con nadie llamado Mohan. Stevenson encontró en Moradabad una tienda de dulces regentada por los hermanos Mohan, quienes eran dueños de otra más en Saharanpur. Durante la entrevista a los hermanos, éstos le contaron que su hermano había fallecido de una enfermedad gastrointestinal, poco tiempo después de tomar un baño terapéutico.

La «vieja» ciencia despreciaría este caso, calificándolo de «coincidencia». Los científicos dirían que quizá el niño obtuvo la información en la escuela o de algún miembro de la familia que hubiera viajado a la ciudad en la que sucedieron los hechos, incluso aunque la investigación de Stevenson demuestra que no hubo tal trasvase de información.

Mi profesor en la facultad de medicina al que he hecho alusión anteriormente, solía decir que atribuir a la coincidencia la explicación de algún hecho es el primer refugio de una mente holgazana. «Recuerda que cada vez que te remitas a la coincidencia para explicar algo, sólo tienes una posibilidad entre un millón de estar en lo cierto», eran sus palabras.

Y yo estoy de acuerdo con él.

5

ÁNGELES Y FANTASMAS EN LA NATURALEZA

Parece que todo el mundo tiene una historia de fantasmas que contar. Una casa en la que se oyen ruidos misteriosos, un padre que ve a su hijo mientras éste está muriendo en Vietnam en ese preciso momento, una madre al que un psíquico le dice que está en comunicación con su hijo muerto...

Ni siquiera los médicos son inmunes. Cuando era médico interno en el hospital de San Francisco, muchos de los médicos del turno de noche contaban que un anciano vestido con ropas anticuadas visitaba a muchos de los residentes e internos. Se suponía que era uno de los antiguos médicos del hospital. Se creía que recibir la visita del «anciano» indicaba la aprobación por parte del fantasma de las habilidades del médico al que visitaba. La totalidad de los residentes jefes del hospital que habían trabajado allí en los últimos treinta años habían recibido la visita del espectro.

La visión de un ángel o un fantasma parece tener numerosos elementos en común con las experiencias próximas a la muerte, incluido el hecho de que todas son percibidas mediante el lóbulo temporal derecho.

Las personas que han experimentado EPM parecen tener una mayor disposición a tener encuentros con fantasmas o ángeles. Un ejemplo son los niños que asistieron al *picnic* del que he hablado. Una de las niñas que habían pasado por una EPM recibió durante años la visita del ser de luz que vio durante su experiencia. El ángel aparecía siempre que ella se encontraba bajo alguna situación de estrés, miedo o ansiedad, dejándola llena de fuerza y sentimientos positivos.

Ahora, con veinte años, ya no recibe la visita del ángel, pero siente que esa luz le proporcionó la fuerza necesaria para poder afrontar cualquier tipo de crisis.

Un asunto de percepción

En su nivel más básico, nuestro lóbulo temporal derecho es responsable de la comunicación con la mente universal, es decir, con lo que algunas personas llaman «el Espíritu Santo». Sólo un área del cerebro procesa la información procedente de los patrones de energía, a través de nuestro oído, mientras otra procesa la información que procede de los patrones de energía interpretados por nuestro ojo. El lóbulo temporal derecho toma los patrones de energía y los interpreta. Estos patrones parecen contener el código de las experiencias espirituales y la comunicación con otras realidades.

Sin embargo, a veces otros objetos o seres vivos pueden ser mediadores entre nosotros y estos patrones de energía, como sucede con una radio o una cadena de música. Una doctora de Toledo, Ohio, me contó que un cactus que tenía en su casa florecía cada año en el mes de marzo, en el aniversario de la muerte de su hija. Esto era, para ella, un signo de que la vida de su hija era renovada de nuevo.

No sé qué es lo que hace que ese cactus de Navidad cambie su ciclo de floración. ¿Es el dolor de la madre, hasta tal punto intenso que ha llegado a crear una necesidad a la que el universo responde? ¿Se trata de la hija, que trata de enviar un mensaje que, al no poder ser recibido por la madre en forma de visión, ha cambiado el patrón de energía que afecta al ciclo de floración del cactus? No tengo respuesta. Lo que sé es que la alteración del ciclo sirve para conmemorar el amor entre la madre y su hija.

La misma dificultad que podemos encontrar al tratar de explicar a un ciego imágenes visuales, es la que encontramos para apreciar imágenes visuales que no están siendo percibidas por nuestros ojos. El resultado de esto es que pensamos que deben de ser alucinaciones, aunque de hecho son percepciones de patrones de energía universal.

Los fantasmas, almas desencarnadas que aparecen en forma corporal, a menudo parecen representar el recuerdo de sucesos traumáticos que se desarrollaron en ese lugar. Al menos diecisiete fantasmas, por ejemplo, se dice que viven en la Torre de Londres, el lugar en el que tantas personas han muerto a lo largo de la historia de Inglaterra. Otro ejemplo puede ser el fantasma de Abraham Lincoln, tantas veces visto en la Casa Blanca.

Los fantasmas son, de hecho, parecidos a recuerdos encerrados en el lugar en el que ocurrieron. La tragedia de una madre que se lamenta por la muerte de su hijo, o una pelea de amantes que acaba en tragedia, son el tipo de sucesos que parece que se repiten una y otra vez en el sitio en el que ocurrieron. Estos recuerdos encerrados, o engramas, incluyen una combinación de emoción, imágenes visuales y auditivas, olores y percepciones táctiles.

Señales y sensaciones

Las personas que tienen lóbulos temporales derechos de mayor sensibilidad suelen tener una mayor predisposición a ver fantasmas. Esas visiones a menudo van acompañadas de señales y sensaciones específicas, como intensos olores.

El doctor Vernon Neppe, un pionero en el estudio de las habilidades paranormales, tuvo una conversación con el farero de una localidad en la costa de Washington. Hablaban acerca del terreno, pobre y siempre batido por el viento, con unos pocos árboles retorcidos y algo de hierba rala que sobrevivía cerca de la playa. En un momento de la conversación, el farero dijo: «Sucede algo curioso. Sé que hay flores cerca de aquí, porque, aunque nunca las he visto, me llega su perfume constantemente». Mirando a su alrededor, el doctor Neppe se dio cuenta de que ninguna flor de ese tipo podía crecer en aquel sitio, y dedujo que el farero estaba experimentando con el lóbulo temporal derecho sensaciones del tipo que normalmente precede a un encuentro espectral. Entonces dijo: «Bien. Cuéntame algo acerca de los fantasmas que ves por aquí».

El farero se giró hacia él, pálido, y dijo: «¿Cómo sabes eso? Jamás le he hablado a nadie nada sobre el fantasma del viejo marinero que se me aparece las noches lluviosas». ¿Una deducción afortunada? Quizá. Prácticamente cada farero tiene una historia de fantasmas. También es cierto que muchos faros tienen historias de muertes trágicas y, por consiguiente, de emociones profundas asociadas con ellas, y contenidas en esos lugares.

Los estudios realizados con sujetos de especial sensibilidad en su lóbulo temporal derecho muestran que frecuentemente tienen experiencias asociadas con apariciones, como oír sonido de campanas, sentir sacudidas o sensaciones de hormigueo en la nuca, *déjà vu*, percepciones extracorpóreas, sudoración, perturbaciones del sueño, amnesia parcial, percepciones auditivas de voces o música, sensación de entumecimiento o temblor de brazos y piernas, percepción de esferas luminosas que giran, de rostros, etc. Éstas son percepciones que están relacionadas directamente con la actividad del lóbulo temporal derecho. Personalmente, creo que la mayoría de estas percepciones tienen lugar a través del vínculo del lóbulo temporal derecho con un banco de memoria universal.

Terreno común

Este caso bien documentado que tuvo lugar en 1950, en Inglaterra, ilustra bien mi planteamiento. La señorita E. F. Smith, acompañada de su perrito, conducía en dirección a su casa en Letham, procedente de una fiesta. Vivía en un pequeño pueblo en medio de la campiña. En un punto del camino su coche se salió de la carretera y fue imposible ponerlo en marcha de nuevo, con lo que cogió a su perro y prosiguió su camino a pie.

Al llegar a lo alto de una colina, vio en un campo lejano unas figuras que portaban antorchas. Cuando se acercó, pudo ver que los hombres iban vestidos con unas túnicas estrechas y cortas y parecían estar buscando algo en la tierra. El perro comenzó a aullar y a ladrar, lo que nos indica que las figuras también eran visibles para él. Una de las cosas más curiosas era que las figuras parecían seguir una ruta específica, como si una barrera invisible les impidiera moverse de donde estaban. Este incidente es sorprendentemente similar a las historias producto de una regresión o del *déjà vu*, con la excepción de que ella no estaba hipnotizada.

Cuando les contó a sus amigos y vecinos lo que había visto, la remitieron a los investigadores de la Sociedad para la Investigación Psíquica. Allí descubrieron que la descripción que daba de las ropas y armas que portaban aquellas figuras coincidían con la vestimenta y el armamento del siglo VII. Algo que, además, la señorita Smith ignoraba, era que en el año 680 y en aquel mismo lugar, a orillas de un lago que entonces existía, había tenido lugar una terrible batalla entre clanes. En ella murió el rey de uno de ellos y esto supuso la consolidación de la primacía del clan contrario. El lago, que fue desecado con posterioridad, correspondía a la barrera invisible.

Como ya hemos dicho, estos engramas comprenden los recuerdos encerrados en un área en forma de imágenes visuales, auditivas y emocionales, como el caso narrado ilustra de forma perfecta. Se convierten, en esencia, en parte de la memoria universal.

La memoria universal se entenderá mejor como un campo mórfico, la forma o patrón de energía que existe por debajo de todo lo que llamamos «realidad». Es algo así como el programa que reside en el corazón de las operaciones del *software* de un ordenador.

Cuando la señorita Smith miró los campos de la Inglaterra de hoy en día, en un primer momento no vio más que árboles, hierba, el cielo y las estrellas. Pero tuvo una percepción visual de un engrama de recuerdo encerrado en el paisaje, como la persona que accede a una vida anterior o percibe un recuerdo pasado en forma de *déjà vu*. Este engrama fue creado por los intensos acontecimientos que se remontaban a la batalla original, los vestigios de la batalla y la angustia de aquellos que perdieron allí a sus seres queridos. Ese campo mórfico tomó forma con todos esos elementos y el resultado fue la escena de la que fue testigo la señorita Smith.

Fantasmas. Una lección de historia

A finales del siglo XIX, los más prominentes científicos de ese momento se pusieron de acuerdo para intentar comprender la capacidad de la consciencia para abandonar el cuerpo humano y sobrevivir a la muerte. Juntos formaron la prestigiosa Sociedad de Investigación Psíquica, en Inglaterra. Esta organización y su rama estadounidense, la Sociedad estadounidense de Investigación Psíquica, ha dominado durante años los estudios científicos serios sobre lo paranormal.

Su primer campo de trabajo fueron los fantasmas y las apariciones. En 1882, en la Universidad de Cambridge, formaban parte de la Sociedad el profesor de física sir William Barrett; Henry Sidwick, que había dedicado su vida a la reconciliación entre ciencia y religión; a su esposa, Eleanor, matemática, y a Frederick Meyers.

Estos investigadores dejaron tras ellos un cuerpo de investigación que jamás ha podido ser igualado. Su mayor contribución fue la obra titulada *Fantasmas de los vivos*, un grueso volumen en el que llegaban a la conclusión de que, en la mayoría de los casos de apariciones fantasmales, sólo se trataba de alucinaciones generadas por mensajes telepáticos de personas que se encontraban presas de una intensa crisis emocional. En su obra descubren numerosos casos de fraude, pero también describen casos meticulosamente detallados para los que no se encuentra explicación. Finalmente, la Sociedad concluyó que los fantasmas no eran prueba de la existencia de espíritus, sino más bien recuerdos que permanecían encerrados en esta realidad.

He leído más de diez mil historias de fantasmas y me he pasado muchas horas en la biblioteca del Instituto Nacional de Ciencias, revisando los cientos de volúmenes que posee sobre el estudio de la consciencia. Mi conclusión es que la gran mayoría de los encuentros fantasmales tienen que ver con lugares en los que recuerdos y percepciones parecen residir en el ambiente.

Uno de los mejores ejemplos es el bombardero de la segunda guerra mundial que recibe el nombre de *S is for Sugar*, y que fue almacenado en Londres tras la guerra. En ocasiones se ha podido ver a artilleros vestidos con uniforme de combate operando en las torretas del avión. Incluso cuando éste fue trasladado a un museo, las apariciones siguieron produciéndose. Los «cazafantasmas» denominan a este tipo de fenómenos «apariciones de localización recurrente», esto es, apariciones que se producen en el mismo lugar de forma repetida y que son contempladas por varias personas al mismo tiempo.

Uno de los casos mejor documentados por la Sociedad fue el del fantasma de una mujer, descrito por primera vez por Rosina Despard, una estudiante de medicina que lo vio en su casa. Su relato fue el siguiente: «Había subido a mi habitación cuando oí un ruido. Creí que era mi madre, así que me levanté y fui a la entrada. En el pasillo pude ver a una dama alta, vestida de negro, de pie en lo alto de las escaleras. Al cabo de unos instantes, bajó por las escaleras, mientras la seguía de cerca». Rosina dio una detallada descripción de la mujer, que llevaba un pañuelo blanco en su mano y puños de lazo en las mangas.

Entre 1880 y 1889, más personas vieron la misma aparición. Algunas se encontraron con la figura durante el día y creyeron que se trataba de una persona real. Un invitado que no sabía nada de la existencia del fantasma llegó a preguntar: «Esa señora de la otra habitación ¿va a unirse a nosotros?».

La Sociedad investigó de cerca el caso. La familia que habitaba la casa tenía buen carácter y gozaba de una excelente reputación. La investigación reveló que muchas personas, incluyendo vecinos, invitados y visitantes casuales, vieron a la mujer. El fenómeno llegó a ser tan familiar que a menudo las visitas fantasmales apenas si merecían un comentario. En una ocasión, los niños de la casa llegaron a hacer un corro alrededor de la mujer, cogidos de las manos, lo que hizo que la figura desapareciera.

La imagen no parecía real, sino que tenía más bien el aspecto de una mancha borrosa dentro de un traje. En ocasiones aparecía en una habitación, donde algunos la veían y otros no. Algunas personas sólo oían ruidos, mientras que otros sentían una corriente de aire y la sensación de que alguien se encontraba allí entre ellos. Otros tenían una completa imagen visual de la mujer, incluso a plena luz del día y en la calle. Las apariciones tenían lugar durante el día, por la noche, en la casa o en el jardín. Hacia 1886 se volvieron cada vez más infrecuentes, y para 1889 ya habían desaparecido por completo.

La familia estaba convencida de que se trataba de la segunda mujer del antiguo dueño de la casa. Ambos bebían mucho y reñían con frecuencia. La mujer abandonó el hogar y se divorció de su marido, que murió poco después. Unos pocos años más tarde, ella también falleció. Rosina Despard vio un retrato de la mujer y la identificó sin dudarlo. ¿Qué podemos decir de esta historia y de miles similares que han sido documentadas desde entonces hasta hoy?

En primer lugar, que no se trata de alucinaciones, hipnosis colectiva o psicosis. En esta historia y en otras muchas parecidas, personas que jamás antes habían oído hablar del supuesto fantasma, pudieron verlo. La estudiante de medicina, por ejemplo, estuvo viendo a la mujer durante dos años antes de hablar de ella. Durante todo ese tiempo, al menos tres personas más la vieron, sin mencionar a nadie los encuentros. La experiencia tiene mucho que ver con un engrama tridimensional de memoria en el que ruidos, olores y sensaciones son, junto con las imágenes visuales, partes de la experiencia.

Una vez que ocurrió la primera visión, tuvo lugar una aceleración de encuentros con el fantasma hasta que el misterio quedó finalmente resuelto, a partir de lo cual las apariciones cesaron por completo. Éste es un esquema muy frecuente en las historias de fantasmas y un ejemplo excelente de cómo un espectro es simplemente un recuerdo. En este caso, el recuerdo de la mujer y de la casa en la que vivió y que amaba.

Su presencia se repitió a lo largo de los años, un patrón de movimiento acompañado de emociones intensas: enfado, amor, cólera, etc. Este patrón quedó almacenado como un campo mórfico.

Algunas personas con un lóbulo temporal derecho sensible y «bien sintonizado» accedieron a ese recuerdo y lo vieron bajo un aspecto tridimensional.

Recuerdos en el laberinto

Tenemos un considerable número de pruebas que apoyan la existencia de los campos mórficos.

William McDougall comenzó a realizar en 1920, en la universidad de Harvard, unos estudios sobre el aprendizaje de ratas en un laberinto. McDougall usó ratas de laboratorio a las que entrenó en un laberinto de agua. Tras atravesar el laberinto nadando, las ratas llegaban a dos salidas, una con una débil luz, en la que la rata recibía una descarga eléctrica, y otra, sin luz, en la que el animal entraba a salvo.

La primera generación de ratas empleó 165 intentos para aprender cuál era la salida correcta. Las siguientes generaciones aprendieron más rápido. La decimotercera generación de ratas sólo tuvo que emplear 20 intentos para aprender. Las ratas no podían enseñar a las generaciones siguientes, ya que crecían aisladas las unas de las otras. Además, el avance no se debió a las ratas más inteligentes. McDougall usó de forma deliberada las ratas que habían tenido menos éxito en las pruebas del laberinto, e incluso las peores ratas de las generaciones posteriores lograban completar el recorrido más rápidamente que las que lo hicieron en primer lugar.

McDougall supuso que lo que había ocurrido había sido un caso de aprendizaje heredado, que una evolución y modificación de los genes de las ratas les habían permitido aprender más rápidamente. Pero años más tarde, cuando unas ratas que no tenían ninguna relación biológica con las que había usado McDougall fueron sometidas a la misma prueba en el mismo laberinto, completaron el recorrido tras sólo 20 intentos. ¿Pudiera ser que el laberinto contuviera recuerdos, restos percibidos por los lóbulos temporales derechos de las últimas ratas, lo que les permitiría beneficiarse del aprendizaje de las primeras?

Charles Darwin, el padre de la teoría de la evolución y de la selección natural, describió un caso de recuerdo encerrado. En una de sus obras escribió acerca de un perro que había sido maltratado por un carnicero. Como resultado de esto, el perro había desarrollado una terrible aversión hacia los carniceros.

Este miedo se transmitió a lo largo de dos generaciones. Sus hijos y sus nietos huían de la presencia de cualquier carnicero, incluso aunque no hubieran sido maltratados por ninguno.

Ejemplos como éste se explican mejor a la luz de los mecanismos que crean las apariciones fantasmales. Según las ratas iban aprendiendo a recorrer el laberinto, esos recuerdos permanecían almacenados en la misma naturaleza, e iban variando y mejorando conforme iban teniendo lugar. Las generaciones futuras de ratas tienen acceso a esos recuerdos, y el resultado es que pueden recorrer el laberinto más rápidamente al beneficiarse del aprendizaje de las generaciones anteriores.

Historias consistentes

Mi análisis de más de diez mil historias de fantasmas me han convencido de que éstas representan una serie de complejas interacciones entre la memoria individual y la memoria universal. Accedemos a esa memoria universal del mismo modo en que una radio recibe ondas de radio. Al igual que el aire que nos rodea está saturado con ondas de radio y de telefonía móvil, también lo está con pensamientos y recuerdos de personas y de acontecimientos pasados y presentes. Cuando el lóbulo temporal derecho se encuentra calibrado para recibir la memoria existente en el banco de memoria universal, no hace más que actuar como lo hace un receptor de radio. Esta memoria es percibida habitualmente del mismo modo por todos los que tienen acceso a ella, lo que explica la consistencia de muchas de las historias de fantasmas.

Otro ejemplo excelente es la historia, bien documentada, que tuvo lugar en Turquía, en los años cincuenta, y que tuvo como protagonista a Leon Weeks, un arqueólogo estadounidense que se encontraba trabajando en unas excavaciones próximas a Gallipoli. Weeks no tenía demasiados conocimientos acerca de la guerra, ningún contacto en Australia ni conocimientos de cultura australiana o historia de Australia. Weeks acampó en el lugar en el que se produjo la famosa batalla de Gallipoli, donde miles de australianos perdieron la vida durante una campaña desastrosa.

Una tarde vio a un hombre que bajaba de una colina, acompañado de un burro que transportaba lo que parecía ser un cuerpo humano. Weeks siguió al hombre, pero no pudo alcanzarlo. Noche tras noche, pudo ver al hombre y a su burro, aunque nunca pudo comunicarse con él. Al cabo de un tiempo, Weeks abandonó el lugar sin haber resuelto el misterio.

En 1968 se encontraba visitando a un amigo inglés, dueño de una importante colección de sellos. Allí, entre los sellos conmemorativos australianos, aparecía uno que recogía una versión estilizada de la escena de la que había sido testigo en Gallipoli años atrás. Según le explicó su amigo, ese sello había sido impreso en 1965, quince después de que Weeks hubiera estado trabajando en Turquía. La escena conmemoraba el heroísmo del soldado inglés John Kilpatrick, que sirvió como camillero en el campo de batalla. Su figura, acompañada de su burro, era vista a menudo cuando arriesgaba su vida transportando a los heridos y a los agonizantes. Salvó cientos de vidas antes de perder la vida al ser alcanzado por la metralla. Kilpatrick fue enterrado bajo las rocas de Gallipoli.

Fantasmas de vidas anteriores

Esta experiencia se puede comprender mejor a la luz del concepto científico actual de memoria universal. La batalla de Gallipoli fue un acontecimiento profundamente emocional. Se sabe que la pérdida de vidas fue innecesaria. Muchos australianos creyeron que sus hijos estaban siendo usados por los ingleses como carne de cañón en una estrategia militar equivocada. Éste es precisamente el tipo de acontecimiento trágico y emotivo que crea un poderoso engrama de memoria.

Dentro del inconsciente australiano, esos recuerdos fueron solidificándose, a lo largo del tiempo, en la imagen heroica de John Kilpatrick, hasta finalmente acabar plasmada en la imagen artística que aparece en el sello conmemorativo. Para alguien con un lóbulo temporal derecho lo suficientemente sensible que permaneciera a solas en el mismo campo de batalla en el que se creó el campo mórfico, la misma imagen que apareció más de una década después en el sello podría aparecer proyectada de forma tridimensional en el paisaje.

Hemos de tener presente que los campos de energía que almacenan los recuerdos universales existen en un lugar más allá del espacio y del tiempo. Cuando entramos en la mente universal, el tiempo ya no significa nada. Esto es lo que ocurrió cuando Weeks entró en la mente universal para contemplar una imagen que no se manifestaría como sello conmemorativo hasta pasados diez años. El artista que diseñó la imagen del sello contempló la misma imagen, pero diez años más tarde.

Un problema que aparece a la hora de desarrollar una teoría coherente sobre las historias de fantasmas es el hecho de lo numerosas que son, y lo tentador que resulta hablar sólo de historias que concuerden con las teorías propias. He hecho un esfuerzo para evitar esto diseccionando y clasificando los miles de historias recogidas. Las historias repetidas y bien documentadas entran dentro de un patrón específico.

- Una localización, es decir, un «lugar encantado» en oposición a un fantasma que sigue a una familia o una persona en particular.
- *Un acontecimiento* inicial profundamente emotivo y que comporta amor o una muerte trágica.
- Al principio, sólo una persona ve al fantasma. A ésta le siguen los demás, que lo ven o sólo lo perciben.
- El origen de la aparición es investigada y resuelta.
- El fantasma desaparece.

Historias modernas de fantasmas

Michael Norman y Beth Scott, ambos profesores de periodismo en la Universidad de Wisconsin, han escrito la obra *Historia de la América fantasmal*. Para esta obra han entrevistado testigos, han pasado la noche en casas supuestamente encantadas y han documentado concienzudamente testimonios de encuentros fantasmales. Para probar mi teoría, selecciono aquí una de las historias que ellos recogen, en la que encuentro paralelismos interesantes.

Los acontecimientos tienen lugar en una casa en la zona residencial de Webster Grove, una comunidad de clase media alta en la ciudad de St. Louis.

En 1956 el señor y la señora Furry compraron la antigua casa de los Gehm en la Plant Avenue. Los Furry llevaban casados veinte años y tenían dos hijas. No eran psíquicos y jamás antes habían tenido experiencias de este tipo.

Una noche, la señora Furry se despertó con la sensación de que alguien se encontraba en el dormitorio con ella. De pronto sintió algo parecido a una corriente de aire y pudo oír el sonido de un martillo golpeando la cabecera de su cama. Estuvo oyendo ruidos durante semanas y finalmente se lo comunicó a su marido, un hombre práctico que atribuyó lo que contaba su mujer a la estructura de la casa o a su imaginación.

Una noche, el señor Furry vio una forma translúcida, a la que siguió hasta el dormitorio de su hija de tres años, donde desapareció. Varias semanas más tarde la niña les preguntó acerca de la señora vestida de negro que acudía a su dormitorio cada noche. Tras nueve años de fenomenología, los Furry vendieron la casa y se trasladaron a otro lugar, sin hablar a nadie de los fantasmas.

Una nueva familia, los Whitcomb, fue a instalarse a la casa. Se trataba de un bioquímico, su esposa y sus dos hijos. Como podemos esperar de las resonancias mórficas, incluso a pesar de no haber oído hablar de los fantasmas del lugar, comenzaron inmediatamente a ser testigos de las apariciones. Como le había sucedido a la señora Furry, la señora Whitcomb despertaba en mitad de la noche, en esta ocasión por pisadas, y pudo ver la aparición.

Pero a diferencia de los Furry, ella estaba determinada a conocer el origen del fantasma. Investigó la historia de la casa, retrocediendo hasta los propietarios originales, la familia Gehm. A medida que investigaba, las manifestaciones aumentaban en número y en intensidad. Pronto, a las apariciones fantasmales y los ruidos, se unió el movimiento de los muebles.

Una noche, la señora Whitcomb sintió que algo la impulsaba a dirigirse a la caja de música de su madre, que había dejado de funcionar hacía ya muchos años. La caja funcionaba perfectamente. Más tarde vio cómo un jersey se movía en el cuarto de la colada, como si alguien lo hubiera arrojado sobre una percha. Y, de pronto, se sorprendió al oírse a sí misma decir: «¿Por qué has hecho eso, Mary Gehm?». En ese momento nadie le había dicho aún cuál era el nombre de pila de la señora Gehm. Otro día, en un estado parecido al trance, se dirigió al ático. Aunque éste había sido concienzudamente limpiado y ordenado por los Furry, encontró el armario en completo desorden. En un cajón abierto descubrió unos cianotipos que llevaban el nombre de la señora Gehm. Había estado en el ático en numerosas ocasiones y jamás los había visto antes, aunque ahora se encontraban a la vista.

La familia llegó a la conclusión de que, de algún modo, los Gehms aún seguían viviendo en la casa. Cuando esto ocurrió, las actividades fantasmales tenían lugar prácticamente a diario, algo de lo que pudieron dar testimonio numerosos amigos de la familia, que fueron testigos de esas actividades. Una vez resuelto el misterio, los Whitcomb se mudaron. Las apariciones cesaron en 1965 y no han vuelto a producirse.

No creo que la familia Gehm permaneciera aún atrapada en esa casa. Lo que sí creo es que los recuerdos de una familia, un padre que construyó una casa con sus propias manos, los quehaceres cotidianos, las idas noctrurnas al cuarto de baño, las alegrías y las tristezas de una familia, han podido formar un engrama de memoria que ha permanecido atrapado en la casa. Una vez que la comunicación con los fantasmas ha sido establecida, éstos abandonan la escena. Es como si quisieran ser descubiertos, para liberar una tensión que les permita continuar moviéndose.

Algo análogo sucede cuando tengo problemas para recordar, por ejemplo, el nombre de una estrella de cine. A veces puede ser alguien muy famoso, cuyo nombre conozco, digamos Mel Gibson. Por alguna razón, mi memoria permanece bloqueada, y el esfuerzo para recuperar el nombre se vuelve frenético. Pregunto a mi esposa: «¿Cuál es el protagonista de las películas de Mad Max? Ya sabes, el guapo». Recuerdo todo acerca de Gibson excepto su nombre. Entonces, tan pronto como lo recuerdo, o alguien me lo recuerda, la tensión psíquica es liberada y dejo de pensar en él.

Así interpreto el tipo de historias de fantasmas como la de la casa de familia Gehm. Las apariciones son similares a una comunicación frenética entre la mente universal y nosotros mismos, un recuerdo fuera de su sitio o un bloqueo psíquico que provoca la misma frustración mental y la misma irritación obsesiva que crea en nuestras mentes el olvido de un nombre o un suceso.

Un ejemplo. Tras mudarse a una nueva casa, una ingeniera aeronáutica tuvo un encuentro visual con dos fantasmas. A veces aparecían sentados a la mesa de la cocina, charlando entre ellos. Con el paso del tiempo, se dio cuenta de que podía comunicarse telepáticamente con ellos, y así supo que estaban ahí porque creían que aún seguían vivos. Cuando les informó de la realidad, desaparecieron y jamás regresaron.

De esta forma, esta mujer descubrió que poseía una especie de don especial para ese tipo de cosas. «He ayudado a muchos espíritus a pasar al otro lado», dice. Esto incluye a un espíritu que se paseaba por una calle de las afueras de Seattle. «Solía pensar que era una psíquica, o un tipo de espiritualista, y nunca me sentí a gusto. Ahora sé que puedo ayudar a los fantasmas a pasar al otro lado, aunque en realidad no sé muy bien qué significa eso», dice. Quizá simplemente esté en sintonía con la mente universal.

Visitas post mórtem similares a EPM

Entre el cincuenta y el setenta y cinco por ciento de la población, si se enfrenta a la pérdida de un ser querido, experimentarán una comunicación post mórtem con esa persona. Una vez más, producto de una falta de comprensión, las comunidades médica y científica consideran estas experiencias como alucinaciones producidas por el dolor de la pérdida.

Nuestro equipo de investigación fue el primero en documentar y sugerir que ese tipo de experiencias era algo completamente normal, fundamentalmente por sus similitudes con las EPM. Si las personas pueden abandonar sus cuerpos e ir a alguna parte en el momento de su muerte, parece lógico que puedan regresar tras haber muerto.

El sello propio de las EPM es el hecho de que implican realidades duales, una realidad vívida superpuesta sobre otra. La misma sensación vívidamente real de que una realidad se superpone a otra es la marca de una visita post mórtem y de las visiones finales en general.

La mayoría de las comunicaciones consisten en noticias tranquilizadoras de parte de aquellos que han fallecido. Sin embargo, hay otros casos en los que también aportan más información. Algunas de estas informaciones incluso han sido mencionadas en los tribunales o han ayudado a resolver crímenes. Uno de los casos más interesantes a este respecto es el de un hombre de Nueva Inglaterra cuyo hijo había sido asesinado. Tras el funeral de su hijo, el hombre comenzó a oír la voz de su hijo dentro de su cabeza. La voz le indicaba que se dirigiera a una localidad vecina. El padre acudió al punto que le indicaba la voz de su hijo. Allí encontró el coche de su hijo, que había sido sustraído por los asesinos. Bloqueó el coche con el suyo y llamó a la policía. Dos hombres fueron arrestados y condenados por el asesinato.

Ésos son los hechos. Los escépticos pueden argumentar que el padre sufría de alucinaciones causadas por el dolor que sentía como consecuencia de la muerte de su hijo y que el hallazgo del coche fue sólo una casualidad. Siempre me resulta divertido que personas que se consideran hombres de ciencia sientan la necesidad de creer en coincidencias tan poco probables.

Teóricamente, no parece que tenga que haber nada dudoso en la comunicación con los muertos. Se trata de un hecho documentado y sabemos que ocurre de forma espontánea. Sabemos que la telepatía es una función humana documentada, con lo que ¿por qué resulta tan extraño cuando alguien demuestra con pruebas sólidas que está en comunicación con un espíritu que ha partido?

Aunque nuestros cuerpos físicos no pueden existir en un mundo no físico, hay razones para creer que la consciencia o la memoria sí pueden. Cada vez que dudo de la existencia de un banco de memoria universal, pienso en los casos que he podido vivir en primera persona, en los que personas completamente normales han tenido contactos extraordinarios con el otro lado.

Una vez me encontraba en Vancouver aconsejando a un grupo de padres cuyos hijos habían muerto de cáncer. Allí pude oír de labios de una de las consejeras del grupo una historia muy convincente de comunicación post mórtem. Esta mujer había tenido un sueño recurrente y extraordinariamente vívido de un niño pequeño que aparecía rodeado de una luz suave pero brillante. Un perro de caza dorado corría hacia él, y se abalanzaba sobre el niño. Ambos rodaban por el suelo, luchando. El sueño era tan vívido que a veces tenía la sensación de estar despierta en el transcurso del sueño.

Unos días después de haber tenido uno de esos sueños, encontró una pareja en el grupo de padres. Ellos le mencionaron que el perro de su hijo había muerto unos meses antes que él. Se preguntaban si se reunirían en el cielo.

Se había resuelto el enigma. Ella les contó su sueño y los padres le confirmaron que, efectivamente, el perro del niño había sido un perro de caza dorado. No hay ninguna duda de que el sueño iba dirigido a esa familia.

La mujer que tuvo el sueño jamás había tenido experiencias psíquicas o espirituales antes. Aunque profundamente religiosa, es una mujer bastante racionalista, que no salía de su asombro por haber tenido un sueño de semejante naturaleza.

Otro acontecimiento parecido ocurrió en el hospital Harborview de Seattle. Un niño falleció como consecuencia de un accidente ocurrido mientras atravesaba la calle en bicicleta. Su madre conducía por la misma calle, un poco más atrás, y llegó al lugar del accidente. Montó con él en la ambulancia hasta Harborview y estuvo con él todo el tiempo, hasta que murió.

La madre regresó a casa para comunicar la noticia a su otra hija, una chica sorda. La madre la encontró en trance, hablando con su hermano. Éste le estaba dando detalles del accidente, y de cómo era el cielo. Incluso le informó del sexo del niño de su tía, que aún no había nacido. «Yo sé algo que tú no sabes», decía, con el sonsonete típico de los niños.

La chica permaneció en trance durante más de una hora, mientras el resto de miembros de la familia se reunían y se comunicaban con el niño a través de ella. Más tarde reveló que, al regresar de la escuela, se había puesto a ver la televisión, cuando de pronto apareció su hermano y ella cayó en trance.

A menudo estas experiencias mediúmnicas pueden provocarse a través de la meditación. El psicólogo Stanislav Grof, de la Universidad de Stanford, practica una modalidad de meditación que llama «terapia de la mente holotrópica» y que, en mi opinión, es un ejercicio de entrenamiento para el lóbulo temporal derecho.

Muchos de los pacientes del doctor Grof tienen encuentros con familiares y amigos que han muerto. Aunque no es posible verificar de forma independiente que esas personas estén realmente contactando con muertos, la información que obtienen es una prueba extremadamente convincente de algún tipo de contacto.

Un ejemplo: una paciente dijo haber visto la imagen de su marido fallecido, que la saludó y le preguntó qué tal estaba. La visión era tan real que ella le preguntó acerca de unos documentos legales relacionados con su propiedad. Se trataba de información esencial y sólo él sabía dónde se encontraba. Este encuentro puede haber sido el acceso a un material olvidado en la mente inconsciente y no es una prueba real de una verdadera comunicación. Sin embargo, esta persona sólo tuvo acceso a esa información tras el encuentro con su marido fallecido.

Grof transmite un caso más convincente en el que el protagonista es un paciente que él llama Richard. Durante una sesión de terapia, Richard sintió que se encontraba en un espacio extraño y luminoso, lleno de seres desencarnados que trataban desesperadamente de comunicarse con él.

Uno de esos mensajes era tan concreto que Grof lo puso por escrito. Richard recibió la petición de comunicarse con una pareja en la ciudad de Kromeriz, en Moravia. El mensaje consistía en comunicarles que su hijo, Lasdislav, se encontraba bien. El mensaje incluía un número de teléfono y una dirección.

La comunicación extrañó tanto a Richard como a Grof, pues no tenía nada que ver con la terapia específica que estaban llevando a cabo en aquel momento. Tras dudar durante algún tiempo, Grof llamó por teléfono a la pareja de Kromeriz y pidió hablar con Ladislav. Para su sorpresa, la mujer comenzó a llorar y le dijo que se trataba de su hijo, que había fallecido hacía tres semanas.

Comunicaciones universales

Años oyendo estas historias me han convencido de que los espíritus no son algo atrapado entre este mundo y el otro. De hecho, estamos en constante comunicación con la información contenida en la memoria universal. Algunos de estos recuerdos son tan poderosos que muchas personas tienen acceso a ellos. Otros actúan como una suerte de irritante psíquico. A veces los patrones de comunicación parecen provenir de individuos concretos, mientras que en otras ocasiones parece hacerlo de una fuente universal que la mayoría de la personas llaman «Dios».

Tras mi encuentro con mi primer paciente que había pasado por una EPM, me pregunté: «¿Cómo es posible que un cerebro en coma sea capaz de procesar recuerdos?». Ahora sé que muchos recuerdos permanecen contenidos en el patrón de energía universal y que accedemos a él a través de nuestro lóbulo temporal derecho. Uno de los niños de mi estudio lo resumió de forma perfecta. Cuando le pregunté acerca de adónde había ido durante su experiencia, me respondió: «Fui allá fuera, donde está todo. Podía ver todo y hablarle a todo, porque es algo que está siempre a nuestro alrededor, sólo que no siempre podemos verlo».

Cuando pienso en sus palabras, resultan fáciles de comprender fenómenos como los ángeles o los fantasmas.

6

Desenredar el tejido del universo

Cuando el señor Deschamp era un niño, en Francia, el doctor De Fortgibu le dio un trozo de tarta de ciruela. Diez años más tarde, tuvo la ocasión de disfrutar de otro pedazo de tarta del mismo tipo. Desde que la había probado siendo un niño no se le había vuelto a presentar la oportunidad de comerla. Cuál no sería su sorpresa cuando el camarero le informó de que un tal doctor De Fortgibu acababa de estar en el restaurante y había pedido el mismo postre.

Pasaron muchos años antes de que pudiera volver a comer tarta de ciruela. En esta ocasión se trataba de una fiesta en la que se encontraba. Deschamp se sentó para disfrutar de su tarta mientras les comentaba a sus amigos que la única cosa que en ese momento echaba en falta era el doctor De Fortgibu. De pronto, la puerta del apartamento se abrió y entró el doctor De Fortgibu. Había ido invitado a otra fiesta, pero le habían dado la dirección equivocada, que resultaba ser el lugar en el que estaba celebrándose la fiesta a la que asistía Deschamp.

Es difícil asumir que estas series de coincidencias son puras chiripas. Está claro que algo más está teniendo lugar ahí, pero ¿de qué se trata? Gracias a nuestro estudio de lo sobrenatural en el capítulo anterior, sabemos que los fantasmas y apariciones resultan algo más comprensibles si asumimos que son comunicaciones de la mente universal y con ella. Sabemos que, a un nivel inconsciente, estamos en constante comunicación con el universo a través de las actividades normales de nuestro lóbulo temporal derecho.

En este capítulo veremos cómo esta comunicación no está restringida a los seres queridos que han fallecido o a momentos trágicos o heroicos preservados en el tiempo o el espacio. La comunicación puede traducirse en interacciones con aspectos físicos del universo. Entre estos fenómenos podemos encontrarnos con visión remota, telequinesia y otros poderes procedentes de los márgenes de la realidad, incluidos *poltergeists* y sincronicidad, un tipo de intercomunicación universal. La mejor manera de visualizar nuestra propia relación con el universo es, una vez más, usar una metáfora procedente de los videojuegos.

Existen, al menos, dos niveles en los que puede percibirse el juego: el de las imágenes de la pantalla y el del código binario del ordenador que hace aparecer las imágenes en la pantalla. En un videojuego de tenis en los que las figuras de la pantalla golpean la pelota, arrojándosela el uno al otro, sabemos que no hay en realidad tal pelota, sino únicamente un patrón de ceros y unos, un código binario, que tiene lugar como consecuencia de los movimientos de los mandos y que crea los movimientos de la pelota.

Del mismo modo que percibimos el mundo cuántico como un patrón ilimitado de ondas de forma, y a la vez como una visualización de discretas partículas, así ocurre en el juego. Podemos ver el movimiento de la pelota tanto como una fracción de un patrón ilimitado de ceros y unos o como un objeto en la pantalla. La diferencia con los seres humanos, por supuesto, es que nosotros somos caracteres en una pantalla de vídeo tridimensional, pero plenamente conscientes de que nos estamos comunicando con el programa subyacente, e incluso alterándolo.

Claramente holográfico

Los conceptos que nos ayudan a comprender esto proceden de los principios científicos más recientes de la holografía cuántica, un modelo matemático del universo en el que cada aspecto del patrón universal completo, está contenido en cada partícula de materia.

Lo mismo ocurre en nuestros cuerpos, en el que cada célula contiene toda la información de ADN necesaria para crear un organismo completo. En cada dedo gordo del pie, por ejemplo, está todo lo que el organismo conoce sobre la formación del tejido cerebral. Cada una de las células del cuerpo contiene la misma información de ADN. Más allá de modelo genético, eso también significa que cada uno de nosotros tiene los medios para acceder al banco de información que contiene la información específica sobre todo lo que ha sido, es y será en el universo.

Los neurólogos están de acuerdo en que el cerebro es holográfico. Para entender la visión remota, sólo necesitamos suponer que el cerebro holográfico pueda comunicarse con el universo holográfico. No es, desde luego, una gran distancia, teniendo en cuenta que el cerebro es parte del universo.

El principio del holograma es que cada parte individual de materia contiene toda la información del conjunto. Como nuestros cerebros son parte del universo, en cada uno de nosotros podemos encontrar toda la información del universo, es decir, todo lo que ha sido, es y será.

El doctor Raymond Moody, autor del libro *Vida después de la vida* y el padre de los estudios sobre las experiencias próximas a la muerte, me dijo una vez: «Melvin, ¿y si todo esto no fuera más que un vídeo tridimensional inventado dentro de mil años?». Por supuesto, estaba bromeando –creo–, pero captó perfectamente las características de un universo holográfico.

Lo paranormal ahora es normal

La holografía cuántica explica también el fenómeno de la visión remota, la habilidad de los humanos para «ver» con la mente objetos a través del tiempo y del espacio.

Antiguamente, los chamanes se autoinducían para tener experiencias similares a las EPM, abandonando sus cuerpos para buscar animales para la caza o para alcanzar estados que les permitieran realizar curaciones físicas y espirituales.

El psicólogo Robert Moss nos describe una experiencia chamánica que tuvo y que condujo a la curación de una mujer llamada Wanda, que padecía cáncer de mama: «Una noche tuve un sueño en el que viajaba a visitar a una paciente. La encontré en un escenario nocturno, cerca de una cueva que era también un templo.

»Ella estaba helada, paralizada de terror a causa de unas sombras de forma serpentina que la amenazaban. Tomé dos de ellas y las transformé en un caduceo [el bastón que representa la medicina]. El bastón comenzó entonces a brillar en mi mano. Irradiaba una intensa luz dorada. Toqué con él a Wanda y desapareció inmediatamente».

Wanda contó más tarde a Moss que, esa misma noche, había tenido un sueño lúcido en el que él la inundaba con luz. El sueño coincidió con una mejoría radical en su salud.

La investigación que documenta la visión remota es válida, y tiene además un tremendo potencial, como demostró el doctor Hal Putnoff en un documento recientemente desclasificado en la Universidad de Stanford.

Putnoff llevó a cabo numerosos estudios para la Agencia Central de Inteligencia (CIA) en San Francisco. En él se cuenta como se pidió a determinados sujetos sometidos a investigación que se concentraran en fotografías aéreas de varias ciudades, con el objeto de encontrar un área que uno de los realizadores del experimento había seleccionado previamente. Putnoff descubrió que personas que decían no poseer en absoluto habilidades psíquicas a menudo acertaban en la localización de los objetivos. Fueron realizados otros estudios con alumnos de instituto seleccionados de forma aleatoria. Ninguno decía poseer habilidades psíquicas, ni siquiera creer en lo paranormal, pero también obtuvieron resultados bastante exactos.

Se eligió un tiovivo como objetivo. Ni las personas sometidas a estudio ni aquellos que llevaban a cabo los tests conocían el punto seleccionado. Se pidió a los sujetos que se concentraran y que hicieran un dibujo del lugar. En ese caso, fueron agentes de la CIA los sometidos a estudio. Uno de ellos describió el objetivo, diciendo: «Es algún tipo de estructura, una estructura redonda con forma de cúpula, con algo en su vértice, como un apéndice, quizá una vara luminosa».

Como resultado de este tipo de estudios, la CIA decidió llevar más allá su investigación sobre la visión remota. Se pidió a varias personas que estudiaran un mapa de las montañas de Virginia Occidental y que dijeran dónde se encontraban determinados objetos. Los resultados de estas exploraciones a tan larga distancia fueron bastante exactos. Lo más emocionante para los investigadores de la CIA fue que estos estudios fueron las dos primeras tentativas de esta naturaleza, no simplemente ejemplos de dos intentos con éxito en una cadena de intentos fallidos.

En julio de 1974 se pidió a los sujetos del estudio que obtuvieran información de una importante base de misiles soviéticos. El resultado no fue, desde luego, el mejor obtenido, pero sí fue el primero en operaciones de esa naturaleza. El encargado de localizar el lugar, Pat Price, aportó detallados dibujos de la base soviética, situada en un remoto lugar de la URSS, «recorriendo» las instalaciones a través de la visión remota.

Es imposible saber con certeza cuánta información de esta naturaleza fue usada en este contexto de política internacional. Se pidió a la CIA que analizara la habilidad de los dotados de visión remota para destruir el sistema móvil del misil MX, gracias al cual las armas podían ser transportadas de un lugar a otro, con el fin de evitar su localización.

Se llegó a la conclusión de que los soviéticos también estaban usando la visión remota, con la que podían identificar con éxito los lugares vacíos y los ocupados.

El estudio definitivo del Gobierno sobre visión remota tuvo que ver con la sonda espacial *Discovery*, que voló más allá de Júpiter. Se le pidió a Joseph McMoneagle, un conocido dotado que desarrolló su capacidad de visión remota tras experimentar una EPM, que obtuviera información del planeta antes de que se recibieran los datos de la sonda. Su visión remota proporcionó información precisa que fue posteriormente comprobada, al ser comparada con la información procedente de la sonda espacial.

Información en proceso

La visión remota no consiste tanto en ver algo como en procesar esa información a través de nuestro lóbulo temporal derecho, desde los patrones de información contenidos en el universo.

Robert Jahn y Brenda Dunne, del departamento de ingeniería de la Universidad de Princeton, llevaron a cabo un experimento de visión remota que comprendió más de trescientas pruebas y treinta «videntes». Su técnica consistía en que la persona sometida a experimentación debía elegir un lugar cualquiera del mundo como objetivo y visitarlo mentalmente durante unos diez o quince minutos. La persona debía elegir él mismo el lugar y «visitarlo» a la hora que quisiera, recogiendo detalles del lugar en cuestión.

Sus impresiones eran comparadas con las notas de una persona que visitaría realmente el punto seleccionado en el momento elegido. En un catorce por ciento de las pruebas, las observaciones de ambos participantes coincidían hasta tal punto que se consideró que no podían ser el resultado del azar. También se comprobó que la distancia entre el objetivo y el sujeto de la experimentación no era relevante, como tampoco lo era el tiempo. Esto concuerda con nuestra teoría de que la visión remota consiste en acceder mentalmente a un lugar que contiene toda la información del universo, y en el que los conceptos de pasado, presente y futuro no tienen ningún significado.

Todo el mundo tiene la capacidad de practicar la visión remota. Jeffrey Iverson, periodista de investigación de la BBC, me contó que él tuvo una experiencia similar cuando estaba preparando un programa en el laboratorio de visión remota de la Sociedad Estadounidense de Investigación Psíquica, en Nueva York.

Aunque los investigadores de la Sociedad le insistían en que se trataba de una facultad humana perfectamente normal, Iverson dudaba de su existencia. Para probarle lo contrario, uno de los científicos le pidió a su asistente, Tessa Cordel, que participara en una prueba. Se le colocó en una habitación insonorizada. Después, la doctora Nancy Sondow se montó en un coche y condujo por la ciudad. Activó un generador aleatorio de números que seleccionó un sitio concreto. Condujo hasta el lugar y permaneció allí durante un rato. En un momento determinado, pidió a Tessa que dibujara sus impresiones.

Para gran sorpresa suya, Tessa de pronto «vio» un parque inglés con una deslustrada estatua de un ángel. Hizo dibujos muy detallados, entre los que se encontraban pequeños edificios próximos, una calle con tiendas y una marquesina pintada con rayas rojas y blancas que se extendía a lo largo del parque. Durante la experiencia se sintió tranquila y en paz. Describió el lugar que veía como: «Un lugar al que la gente va a comer. Puedes dedicarte a pensar en tus cosas. Hay un lugar para comer».

Describió la estatua de un ángel diciendo: «Parece una mariposa. Hay algo parecido a alas, y una larga túnica. Hay un tipo de metal que se vuelve verde. Puede ser un hombre. Es un lugar muy abierto. No hay edificios alrededor. No te sientes encerrado. Quizá era un área recreativa a finales del siglo pasado».

Su descripción coincidía con el lugar al que la doctora Sondow había conducido. Debo añadir que ni ella ni Cordel jamás tuvieron ningún poder psíquico especial.

Visión remota y sincronicidad

La interconexión de la vida es una realidad. Éste fue uno de los principales conceptos de Niels Bohr. El fundador de la física cuántica descubrió que existía una conexión entre acontecimientos subatómicos aparentemente no relacionados.

El físico Wolfgang Pauli y el psicólogo Carl Jung desarrollaron el concepto de sincronicidad antes de que Bohr pudiera probar su existencia. La teoría sostiene que unos patrones ocultos de la vida pueden manifestarse en forma de acontecimientos aparentemente coincidentes, y que esos patrones representan la comunicación con una consciencia, con una mente universal.

Pauli fue inicialmente paciente de Jung. Pronto se convirtieron en colaboradores en la búsqueda de la armonía interna y de las simetrías en la naturaleza y en la psique. Jung viajó por todo el mundo estudiando los sueños y los mitos de las sociedades primitivas. Descubrió que existen unos «arquetipos», patrones que trascienden las culturas individuales y a los que podemos acceder. En el estudio que su compañero Viennese realizó sobre los sueños de gente común, encontró imágenes y patrones que podían encontrarse en los sueños de miembros de remotas tribus. El resultado fue algo así como estudiar los idiomas de Europa occidental y encontrar que la mayoría tienen como origen común el latín.

Jung defendió la existencia de un lenguaje común de sueños y visiones. El inconsciente colectivo consiste en material que nunca ha alcanzado la consciencia en el almacén individual de energía psíquica. Los niveles más profundos de la mente pertenecen, según Jung, a la totalidad de la especie humana, más que a un individuo. Jung creía que este inconsciente colectivo no sólo contenía un lenguaje, sino también un significado oculto.

Jung tenía una paciente que, con su perspectiva excesivamente racional, estaba impidiendo el buen desarrollo de la terapia. En una ocasión, la mujer le contó un sueño en el que aparecía un escarabajo dorado. El escarabajo era el símbolo del renacimiento en el Antiguo Egipto. La mujer se encontraba turbada por el sueño. En ese momento, algo golpeó la ventana. Un gran escarabajo trataba de entrar. Cuando Jung abrió la ventana, un escarabajo dorado entró por la ventana. Cuando Jung mostró a la mujer «su escarabajo», su excesivo racionalismo desapareció y la terapia pudo progresar de forma satisfactoria.

Arnold Mandell continuó el trabajo de Jung, demostrando no sólo que las sincronicidades tienen un sentido, sino que ocurren en experiencias cumbre, en momentos de transformación, nacimientos, muertes, enamoramientos, psicoterapia, trabajo creativo intenso o incluso cambios en el trabajo. Es como si, en palabras de Mandell, «esta reestructuración interna produjera resonancias en el exterior, o como si una explosión de energía mental se propagara por el exterior, en el mundo físico».

Una experiencia universal desde una mente universal

Observando la naturaleza de las sincronicidades podemos empezar a comprender su relación con las historias de fantasmas y de vidas anteriores. Un ejemplo es la historia que cuenta el psiquiatra Carl Alfred Meier, y que él considera que representa un suceso sincrónico. En 1930, una mujer estadounidense, cirujana en el hospital de una misión en Wuchang, China, viajó desde China para ser tratada por Meier de la profunda depresión en la que se hallaba sumida. La mujer le contó a Meier un sueño que había tenido, en el que una de las alas del hospital era destruida. Se encontraba muy unida a ese hospital y pensaba que este sueño era la causa de su depresión. Meier le hizo dibujar con detalle el hospital desmoronándose por el incendio. Curiosamente, su depresión desapareció de inmediato.

Varios años más tarde los japoneses atacaron Wuchang y bombardearon el hospital. La mujer envió a Meier una fotografía del hospital destruido. Era idéntica al dibujo que ella había hecho años antes.

Hasta ahora hemos visto en este libro tres versiones de este tipo de relato.

1. **Recuerdos de vidas pasadas.** Una mujer tiene un sueño recurrente en el que cae de la pasarela de un puente, lo que le ocasiona una depresión. Visita a un hipnólogo y tiene un recuerdo en el que cae de un puente en una vida anterior. Más tarde, ve en la revista *Life* una fotografía del mismo puente que ella ve en el sueño y se entera de que ese puente se derrumbó años atrás, a resultas de lo cual murió una mujer. Su depresión desaparece tras ver la fotografía.

2. **La historia de fantasmas de Gallipoli.** Un arqueólogo ve un fantasma que es idéntico a una representación en tres dimensiones de la imagen de un sello que se dibujará diez años más tarde.

3. **Historia de sincronicidad**. Una mujer sueña que un hospital es bombardeado, lo que le provoca una depresión. La mujer hace un dibujo de su sueño, lo que hace que la depresión desaparezca. Años más tarde, el hospital es bombardeado en la guerra. Ella envía una foto a su psicólogo en la que aparece la misma imagen que ella dibujó años atrás.

Aunque estos sucesos son diferentes, todos representan una comunicación con la mente universal, un patrón de acontecimientos escondido en la naturaleza. Cada persona que experimenta el patrón lo describe de forma diferente: como un recuerdo de vida pasada, como un sueño sincrónico o como una historia de fantasmas. Sin embargo, son siempre la misma cosa. En todos los casos, un acontecimiento traumático emerge como un acontecimiento mental. Aquellos que poseen lóbulos temporales derechos bien sintonizados pueden acceder a esos patrones.

Una de bolas

El trabajo de Jahn y Dunne prueba que todos los seres humanos tienen la capacidad de poner en funcionamiento su energía psíquica y proyectarla en el mundo físico. Han construido en su laboratorio una máquina que provoca una cascada de bolas a través de una estructura de pivotes colocados de forma aleatoria, en lo que viene a ser una especie de curva en forma de campana, dispuesta de forma también aleatoria. El aparato tiene más de tres metros de altura, más de un metro y medio de profundidad y contiene nueve mil bolas de poliestireno. Éstas caen desde un embudo sobre una estructura de ganchos de nailon. La parte frontal es de plexiglás transparente, con lo que la cascada de bolas y su desarrollo son perfectamente visibles. Jahn y Dunne han comprobado que los seres humanos pueden influir de forma significativa en la cascada de bolas, simplemente mediante el poder del pensamiento.

Algunos usan algún tipo de meditación o visualización. Otros tratan de identificarse con la máquina y «convertirse» en la cascada de bolas. Otros usan métodos competitivos, tratando de superar a los otros participantes. Algunos exhortan verbalmente a las bolas para que cambien su recorrido, rogando o amenazando a los objetos. Pero una cosa está clara: ningún sistema es mejor que otro. De hecho, todos funcionan.

¿Cuáles son las implicaciones de estos descubrimientos para la gente de la calle? Quizá que debemos tener cuidado con lo que visualizamos e imaginamos. Si simplemente visualizando y usando nuestra imaginación podemos influir en el movimiento de unas bolas en un laberinto, es lógico pensar que también podamos alterar otras cosas de forma inconsciente a través del poder de nuestras mentes.

Mundo y consciencia unidos

El estudio de la memoria revela que estamos en constante comunicación con un patrón de energía universal que se encuentra fuera del cuerpo. Gracias a los estudios sobre fantasmas y sincronicidades, sabemos que podemos recibir comunicaciones desde ese patrón. Sabemos gracias a los estudios sobre visión remota que, cuando lo intentamos, podemos obtener información desde él. Finalmente, y gracias a experimentos como el de las bolas, sabemos que podemos alterar la realidad física interactuando con ese universo.

El astrofísico James Jeans lo ha resumido perfectamente con sus palabras: «Los conceptos que parecen ser fundamentales para nuestra comprensión de la naturaleza parecen, a mi entender, ser estructuras de puro pensamiento. Las imágenes empiezan a parecerse más a un gran pensamiento que a una gran máquina».

Lo que llamamos realidad y lo que llamamos consciencia no pueden separarse.

En esencia, cada pensamiento que tenemos es como una piedrecilla lanzada al medio subatómico, y su efecto repercute a lo largo y ancho de la realidad. Esto puede explicar muchos de los aspectos de la sincronicidad.

Cuando el jugador Mickey Mantle murió, tuvo lugar una celebración en su honor en el Yankee Stadium. El número que llevaba, el 7, fue homenajeado. Ese día, el número ganador de la lotería fue el 777.

No hay coincidencias.

Apuestas compensatorias

Los números de la lotería se eligen mediante una selección aleatoria de bolas de *ping-pong*, que caen a través de un sistema mecánico. ¿Podría haber ocurrido que ese día tanta gente hubiera estado pensando en el número 7 y que sus mentes influyeran en el movimiento de las bolas en la máquina? ¿Se trata de algo más que un simple efecto mecánico? ¿O es otro caso de comunicación universal?

Estamos siendo influidos sutilmente por los demás de formas mensurables y predecibles, lo que puede explicarse por el experimento de las bolas. Si observamos el movimiento de sólo una bola, no podemos apreciar ningún efecto por parte del operador humano. Si observamos el movimiento de miles de bolas a lo largo del tiempo, ¿podemos documentar los efectos del pensamiento consciente sobre la realidad? La consciencia repercute a través de la realidad como lo hace una piedrecilla arrojada en un estanque.

Si la mente humana puede acceder a otra realidad, de la forma en que lo hacen las personas que han tenido EPM, entonces puede ser capaz de determinar cosas como una secuencia de números seleccionados al azar. Surge entonces la inevitable pregunta: ¿por qué a nadie se le ha ocurrido un modo de sacar provecho de esto? ¿Cómo es que la gente sigue perdiendo su dinero en los dados y en las ruletas de los casinos de Las Vegas?

Las apuestas no son un buen ejemplo por dos razones. La primera es que el número de jugadores que afectan negativamente el movimiento del dado es equivalente al de jugadores que lo afectan positivamente. En una mesa, por ejemplo, dos jugadores pueden bloquearse mutuamente. La segunda razón es que estos efectos son de naturaleza muy sutil, sólo apreciables tras miles de jugadas. En los experimentos con bolas de Jahn y Dunne, los resultados son sólo débilmente apreciables. Un resultado radical, como podría ser el de todas las bolas moviéndose al unísono en una u otra dirección, nunca ha ocurrido.

Cada mente humana parece tener sólo un efecto limitado en el patrón universal. Cada mente es sólo una piedrecilla en un lago inmenso, en el que muchas otras piedrecillas están cayendo y creando patrones.

Energía en acción

Voy a compartir con vosotros algo que ocurrió cuando mi hija cumplió los trece años. Como todos los adolescentes, y como resultado de la alteración hormonal, mi hija se encontraba en un estado de confusión casi constante, siempre enfadada y gritando por cualquier cosa prácticamente a diario.

Una noche me encontraba sentado a la mesa del comedor cuando un plato salió volando de la cocina, pasando cerca de mi cabeza. Miré inmediatamente a mi hija, pensando que había sido ella la que lo había arrojado, pero se encontraba sentada al otro lado de la mesa, justo en el lado contrario a aquel desde el que había aparecido el plato. Nos levantamos y entramos en la cocina. Allí varios platos aparecían rotos. Algunos parecían haber estallado dentro de los armarios. Pensamos que teníamos fantasmas en casa.

Entonces mi hija dijo algo que nos dejó atónitos, y que ayudó a resolver el problema: «Yo no tiré ese plato, papá, pero estaba tan enfadada contigo que deseé arrojarte uno».

Tras ese suceso, las cosas le empezaron a ir mejor. Nunca más ocurrió un incidente similar. Me pregunto si puede producirse una destrucción mental espontánea de platos o de cualquier otro objeto. Hay muchas pruebas de que podemos ser conductos de una energía procedente de una fuente exterior a nuestro cuerpo, canalizando la energía para influir en lo que nos rodea. Cuando eso ocurre, lo llamamos «actividad *poltergeist*».

Aunque los *poltergeist* sean también conocidos como «espíritus ruidosos», lo cierto es que no tienen mucho en común con espíritus o fantasmas. Estos últimos a menudo se localizan en un lugar específico, mientras que los *poltergeist* están vinculados a una persona concreta, normalmente un adolescente en plena pubertad y que experimenta un rápido crecimiento y mucha presión, acompañada de una frecuente tensión sexual.

Hay un caso bien documentado que tuvo lugar en un bufete de abogados en Alemania. En noviembre de 1967, Anne Marie Schneider, una adolescente, fue contratada por la firma. Desde ese momento comenzaron a explotar las bombillas, las facturas telefónicas se dispararon, las llamadas se cortaban constantemente, las fotocopiadoras funcionaban mal y una energía, al parecer procedente del edificio, quemó parte del equipo.

El caso fue investigado concienzudamente por el profesor Hans Bender, de la Universidad de Friburgo, y por los físicos Franz Karger y G. Zicha, del Instituto Max Planck para la física del plasma. Como, además, el bufete estaba sufriendo considerables pérdidas económicas, se encargó la investigación a la división de investigación criminal de la policía de Rosenheim.

Se instalaron mecanismos de grabación en los teléfonos, lo que permitió demostrar, por ejemplo, que durante quince días fueron registradas cuarenta y seis llamadas, aunque aparentemente nadie las había efectuado. Los equipos de monitorización recogieron cómo aparecía la energía, lo que coincidía con el movimiento de objetos y las explosiones de bombillas.

A principios de diciembre los acontecimientos se sucedían prácticamente cada hora. Ingenieros de la compañía eléctrica, agentes de policía y físicos pudieron contemplar cómo los elementos decorativos caían de las paredes, las bombillas explotaban y los ficheros salían volando de sus armarios. Por dos veces un armario archivador de casi veinte kilos de peso se desprendió de la pared.

La misma Anne Marie se encontraba más agitada mientras se producían estos acontecimientos, y pronto estuvo claro para los investigadores que los incidentes se producían sólo cuando ella se encontraba en el edificio. En varias ocasiones fueron grabados en vídeo cuadros girando en las paredes cuyos movimientos coincidían con las contracciones de sus brazos y piernas. Cuando fue despedida, las perturbaciones desaparecieron. Tras encontrar un nuevo empleo, en su nuevo lugar de trabajo se produjeron algunos pocos incidentes, para terminar desapareciendo al cabo de un tiempo. Como los fantasmas, a los que tanto se parecen, los fenómenos de *poltergeist* a menudo cesan cuando la persona de la que proceden es descubierta, como si la súbita concentración en sus poderes interfiriera con la capacidad de usarlos.

Predecir el futuro

¿Podría enseñarse a las personas a usar estas habilidades si se les pidiera concentrarse en ellas? Si, por ejemplo, en las escuelas los estudiantes aprendieran a usar los poderes de la mente del mismo modo que aprenden matemáticas o ciencias, ¿sería esto de alguna utilidad práctica? Si la enseñanza de las matemáticas nos ha conducido a los ordenadores y a los viajes espaciales, ¿adónde nos podría conducir el aprendizaje del control de la mente para alterar la materia? No podemos decirlo, pero hay algunos excelentes estudios experimentales que muestran cómo los seres humanos poseemos habilidades psíquicas de todo tipo que podrían ser desarrolladas si se nos enseñara a manejarlas.

De hecho, yo tuve algo que ver en uno de esos trabajos, titulado «El impacto de las premoniciones de muerte súbita del lactante en el dolor de la pérdida y la sanación». En este estudio demostramos que cerca del veinticinco por ciento de padres cuyo hijo había muerto a causa del síndrome de la muerte súbita habían tenido una premonición sobre la muerte del bebé. Las pruebas incluyen las fichas de ingreso y las declaraciones de los médicos que explicaban que los padres habían traído a su hijo para que fuera examinado poco antes de que tuviera lugar la muerte del pequeño. Sus sensaciones incluían sueños, sentimientos o una vaga sensación de malestar. Siete de los treinta y ocho casos examinados sólo habían tenido una sensación, que fue descrita como una experiencia visual o auditiva. ¿Se podría animar a los padres que confiaran en sus sensaciones tanto como lo hacen en su razón para cuidar de la salud de sus hijos? Muchos de los padres piensan que un chequeo minucioso podría haber evitado la muerte de su hijo, y, basándome en los datos de nuestro estudio, no puedo dejar de estar de acuerdo con ellos. Según nuestro trabajo, las premoniciones de la muerte súbita del niño se dan de forma habitual entre los padres, pero no entre las personas del equipo médico. Cerca del veintidós por ciento de los padres de estos niños tuvieron premoniciones frecuentes sobre la muerte de sus hijos, mientras que sólo un dos por ciento de los miembros del equipo tuvieron la sensación de que «algo» iba a ocurrirles a esos niños.

Junto al casi veinticinco por ciento de padres que tuvieron una premonición, hay un número de padres que sintieron que algo amenazaba la vida de sus hijos y buscaron ayuda médica. Esto incluía a niños que padecían apnea, un fenómeno que hace que se deje de respirar durante períodos prolongados de tiempo.

Pero dada la naturaleza misteriosa del síndrome de muerte súbita, y la dificultad que comporta su diagnosis, es posible que incluso una concienzuda exploración médica no pueda impedir la muerte del niño. Yo mismo tengo una trágica historia que contar al respecto. Sucedió cuando hacía mis prácticas. Una mujer desesperada me trajo a su niñita. El bebé parecía sano a pesar de la insistencia de la madre en lo contrario.

«Quiero que la examine –me dijo–. Sé que va a morir.» Inmediatamente procedí a examinarla, e incluso le mandé hacer unos rayos X de la zona torácica para descartar una posible infección en los pulmones, pero no pude encontrar nada anormal en la niña. Sin embargo, la mujer insistió en que algo le sucedía a su hija, hasta el punto de solicitar el diagnóstico de otro médico.

Le pedí a otro doctor que examinara a la niña y tampoco encontró nada anormal, con lo que el enfado de la madre aumentó aún más. Le pregunté si había habido una muerte reciente en la familia o si había tenido algún sueño, pero no había ocurrido ni una cosa ni otra. «Sólo sé que va a morir. Puedo sentirlo», me dijo.

La madre me pidió que ingresáramos a la niña esa noche en el hospital, pero dado que no habíamos encontrado nada en la exploración, rechacé su petición. Le dije que regresara en unos días y que entonces la examinaríamos de nuevo.

Nunca olvidaré los ojos de la madre, llenos de miedo y de tristeza, cuando me dijo: «Espero que dentro de unos días siga viva». Todas las personas que se encontraban presentes en ese momento en la habitación pudieron oírlo.

La niña murió la noche siguiente a causa del síndrome de la muerte súbita del lactante.

Muchas veces me he preguntado qué es lo que esa mujer vio en su hija. ¿Fueron síntomas físicos en la niña los que llevaron a la madre a la conclusión subconsciente de que su vida estaba en peligro? ¿O es que la madre conectó con una fuente universal de información, de la que extrajo la información sobre el futuro de su hija?

Sea cual sea la respuesta a esa pregunta, una cosa está clara: debemos tomar en serio las premoniciones, tanto las nuestras como las de los demás. Tanto si éstas representan un contacto con una mente universal como si lo es con algo indefinido que se encuentra en nuestro interior, son una voz válida que merece la pena ser escuchada con atención.

7

LA FORMA DE LAS COSAS QUE SUCEDEN

Uno de los casos de sanación espiritual más inspiradores con los que me he encontrado tuvo como protagonista a una de mis pacientes, una niña llamada Teryn Hedlun. Con cuatro meses de vida, Teryn se estaba muriendo a causa de la enfermedad de Wolman, una alteración del hígado causada por un defecto genético en el proceso de asimilación del alimento por el organismo. En esta enfermedad, el cuerpo, en lugar de asimilar las grasas de forma correcta, las almacena en el hígado, dañándolo de forma irreparable.

Diagnostiqué su enfermedad en noviembre de 1993 y envié las muestras de la biopsia a los especialistas del Hospital Infantil de Pittsburg y al Hospital Shriner de Portland. Los especialistas en metabolismo y los especialistas en hígado del Hospital Infantil de Seattle la habían examinado también y todos estaban de acuerdo: la niña iba a morir.

Recibí los resultados de la biopsia el fin de semana antes de las navidades. Ésa fue la semana más difícil en toda mi carrera como médico. ¿Debía informar a la familia el día anterior a la Navidad de que su hija iba a morir, o debía esperar hasta después de la fiesta y permitir que la disfrutaran todos juntos? Al final, decidí que mi deber como médico era transmitirles los hechos, sin tratar de amortiguar el golpe. Así que les dije que su hijita Teryn pronto moriría.

Pero Teryn vivió. No sólo superó la crisis, sino que recobró la salud por completo. Durante el primer año, tanto sus padres como yo evitamos hablar del diagnóstico. Aunque era evidente que la niña crecía y se desarrollaba de forma normal, no me atrevía a decir nada más que: «Bien, parece que todo marcha correctamente. No obstante, vamos a seguir observándola de cerca». Pasado un año repetimos la biopsia y no hayamos ningún rastro de la enfermedad. Estaba completamente curada.

Finalmente, un año y medio después, su madre reunió el valor suficiente para decirme cómo creía ella que su hija había sanado. La mujer me contó que había sido su cuñado quien la había curado, justo el mismo día en que recibieron la terrible noticia.

Entrevisté personalmente al cuñado, que no parecía ser el típico sanador. Me contó su historia con timidez y parecía que ni él mismo acababa de creer lo que había sucedido. Me dijo que no era un hombre especialmente espiritual o creyente, pero que la noche en la que la familia recibió el fatal diagnóstico, oyó una voz en su interior que le decía que pusiera sus manos en el abdomen de la niña inmediatamente. La voz le advertía de que, de esperar al día siguiente, ya sería demasiado tarde.

El cuñado se levantó de la cama, donde se encontraba, y se dirigió inmediatamente a casa de Teryn. Sin dar ninguna explicación a los padres, se dirigió a la habitación de la niña y, a pesar de que se sentía terriblemente ridículo, puso sus manos sobre la niña. Sintió calor y vio un ligero resplandor salir de sus dedos. No comentó a nadie nada hasta que la señora Hedlund le preguntó acerca de lo que había ocurrido. Desde esa misma noche, Teryn mejoró.

Pero hay un elemento misterioso más en torno a este caso. La señora Hedlund me contó que, unas semanas después de la Navidad, unos misioneros llamaron a su puerta y le dijeron que tenían la misión concreta de visitarla. Al cabo de unos minutos de estar en la casa, y tras ver a Teryn, uno de los misioneros dijo repentinamente: «Lo siento, debe de haber habido algún error. Después de todo, no era necesario que viniéramos a esta casa». Se levantaron y abandonaron el lugar apresuradamente.

Lo que hace de esta experiencia algo único es el hecho de su espontaneidad, su aspecto de regalo del cielo que aparece por propia iniciativa. El cuñado no se considera a sí mismo un sanador, ni desde luego el fundador de una iglesia. Ni siquiera ha vuelto a tener experiencias espirituales de ningún tipo, como tampoco antes las había tenido nunca. De hecho, no lo ha pasado bien desde que aquello ocurrió, preguntándose sin cesar la razón por la que fue él el elegido para curar a Teryn, la razón de que algo así le ocurriera precisamente a él.

Sí, ¿por qué? Pero ¿por qué no? Al igual que las comunicaciones post mórtem, se trata de algo que ocurrió de forma espontánea y que tiene su propia lógica, lo que lo convierte en algo imposible de ser anticipado.

En busca de una curación

Los elementos extraños y espontáneos de la experiencia de Teryn son precisamente lo que la convierten en algo tan auténtico. Todos los milagros cotidianos con los que me he encontrado tienen este sabor. Rara vez se anuncian con antelación. Rezar o pedir que ocurran no parece ser un factor que determine su aparición, aunque, como hemos visto, hay pruebas de que la oración tiene un efecto positivo en la curación. Sólo podemos imaginarnos cuántas veces ha ocurrido algo parecido, sin que la persona receptora del mensaje haya obedecido la orden. ¿Cuántas veces un cuñado no habrá obedecido el mensaje, y en consecuencia no se habrá realizado la curación? ¿Cuántas veces alguien no habrá actuado por no seguir su intuición?

Una madre cuyo hijo había muerto de cáncer me dijo: «Doctor Morse, si para obtener la curación del cáncer todo se redujera a rezar intensamente pidiéndola, no habría tantos como Justin, mi hijo, y como tantos otros, que en este momento agonizan». No conozco a una sola madre que no haya rezado con todo su corazón pidiendo un milagro de Dios. He visto de primera mano muchos casos de cáncer, y puedo asegurar que no hay un solo padre que no haya pedido un milagro que salvara a su hijo.

¿Qué tiene en común la experiencia de Teryn con una EPM? Como vamos a ver, el aspecto en común de esta curación, y de todas las curaciones espirituales en general, es la interacción con una luz mística, la misma luz que se ve durante las experiencias próximas a la muerte. Como ocurre en estas últimas, existe la percepción de otra realidad que penetra en ésta (la voz que oye el cuñado y la mística luz que brota de los dedos con los que masajea el abdomen de la niña). Es como si ese destello de luz sobrenatural reconfigurara el ADN del cuerpo de Teryn, eliminando instantáneamente un defecto genético potencialmente fatal.

Como veremos, las pruebas científicas indican que pasar por una experiencia disociativa (el término científico para referirse a experiencias espirituales, experiencias fuera del cuerpo o EPM) parece ser un elemento recurrente en fenómenos de sanación.

De pronto, recobraron la normalidad

Los doctores de la Universidad de Duke tienen un ejemplo extremo de este tipo de casos. Habían tratado a un niño de ocho años de edad con un grave defecto genético que, llegado a la adolescencia, resulta fatal. Un día, ya con el niño cerca de la adolescencia, todas las células afectadas recobraron la normalidad. El código genético había sido reparado.

Parece inconcebible que esto pueda suceder a nivel celular. Tiene que involucrar la mutación precisa y espontánea de millones de células que recuperaran un estado normal. Este tipo de casos sólo puede ser entendido como la repentina «sanación» de la forma mórfica primaria que constituye el cuerpo.

La «forma mórfica» alude a un patrón de energía que da forma a todo lo que podemos considerar como la realidad, la forma de un cuerpo, la de un cristal y la de un árbol. La forma mórfica es lo que hace que tú y yo tengamos forma de seres humanos; un perro, forma de perro, etc. Todos tenemos un patrón desde el que somos creados, y que existe desde nuestra primera disposición genética.

Esta forma mórfica determina prácticamente todo sobre nosotros, incluyendo color de ojos, de piel, peso, altura, etc. Nuestra forma mórfica hace de nosotros lo que somos prácticamente desde el momento de la concepción.

Estas formas mórficas no están grabadas en piedra. En ocasiones, pueden cambiarse a través de un esfuerzo constante. Personas que han nacido con predisposición a la gordura pueden conservarse delgados si vigilan su tipo de alimentación. O personas que nacen en una familia con una trayectoria de consumo de drogas y alcohol, es decir, teóricamente con una predisposición a continuar en esa línea, toman la decisión de no beber nunca. Están cambiando su forma mórfica, su destino.

Se ha comprobado que las experiencias místicas, como las EPM, también alteran las formas mórficas. A diferencia de los cambios que se producen como consecuencia de una repetición constante de un nuevo comportamiento, la EPM proporciona un poderoso impulso de energía curativa que restaura de forma inmediata la forma mórfica.

Cuando revisamos la literatura científica sobre curaciones milagrosas, vemos que aparece un importante lugar común: prácticamente todos están relacionados con funciones del lóbulo temporal derecho como experiencias fuera del cuerpo, experiencias luminosas, visiones y, por supuesto, experiencias próximas a la muerte.

La mayoría de estos estudios son útiles en el sentido de que nos enseñan qué podemos hacer para aumentar nuestra salud, fundamentalmente a través de métodos sencillos como la meditación o la oración. También demuestran que la mente tiene una poderosa influencia sobre el cuerpo, especialmente cuando está en comunicación con Dios, o con el universo, a través de la oración o la meditación.

Un Dios curador

La práctica totalidad de las investigaciones anecdóticas o incluso de los estudios científicos controlados hace hincapié en el hecho de que debe de haber una interacción entre la mente del individuo y el patrón universal, también llamado «Dios». Yo voy más allá, y creo que las EPM descubren los secretos de cómo nuestras mentes pueden curar nuestros cuerpos y cómo podemos usar nuestras mentes para mejorar la salud.

Un ejemplo del poder de esta interacción es el estudio del doctor Randolph Byrd, citado con frecuencia, sobre el efecto de la oración en la recuperación tras ataques cardíacos. Para hacer este estudio, se pidió a los parroquianos de una iglesia de San Francisco que rezaran para 393 pacientes que se encontraban recuperándose de un ataque cardíaco. Las personas que rezaban desconocían la identidad de aquellos por los que rezaban. La oración ocurría en un lugar distinto al hospital. Por su parte, los sujetos del experimento no sabían que alguien estaba rezando por ellos, ni tampoco los investigadores.

El estudio demostró que aquellos por los que alguien había rezado se recuperaron aproximadamente un diez por ciento más rápido que aquellos por los que nadie había rezado.

El estudio de Byrd fue acogido con un enorme escepticismo por parte de la comunidad científica. Muchos, de hecho, pensaron que los datos eran falsos o habían sido manipulados. El estudio se repitió años más tarde en el Instituto del Corazón de

Your receipt

Pasadena Public Library

Customer ID: xxxxxx6307

Items that you checked out

Title: Wubbzy's big movie [DVD videorecording]
ID: 01038064
Due: Tuesday, January 08, 2019

Title:
Pok H@mon adventures Diamond and
Pearl platinum
ID: 33478001793511
Due: Saturday, January 19, 2019

Title: Diary of a wimpy kid : old school
ID: 33478001810455
Due: Saturday, January 19, 2019

Title: Donde Dios Habita : Como nuestros
cerebros estan unidos al universo
ID: RO204233053
Due: Saturday, January 19, 2019

Total items: 4
Account balance: $8.25
1/5/2019 2:40 PM
Checked out: 4
Overdue: 0
Ready for pickup: 0

Thank you for using the
3M SelfCheck™ System

la Región Central de América, en Kansas City, usando el mismo procedimiento, pero en esta ocasión con 990 pacientes que habían sufrido un infarto. Los pacientes por los que se había rezado mejoraron un once por ciento más que aquellos por los que nadie había rezado.

El doctor William Harris, uno de los investigadores que llevaron a cabo el estudio, quedó tan satisfecho como turbado con el resultado. Cuando se le preguntó por el resultado del experimento, se encogió de hombros y dijo: «Los pacientes por los que se rezó mejoraron. Con todo el alcance de la palabra *mejorar*».

¿Qué conclusión podemos sacar de estos estudios? En primer lugar, que la oración tiene su importancia. En segundo lugar, que el efecto es bastante sutil. En ambos grupos, en los dos estudios, hubo el mismo número de fallecidos, pero aquellos por los que alguien rezó se marcharon a sus casas un diez por ciento antes que aquellos por los que nadie lo hizo.

Sin embargo, estos estudios conducen a otras preguntas sobre las que algún día también se pueda hacer una investigación: ¿las oraciones «in situ» son más efectivas que las realizadas en la distancia? ¿Son más efectivas las oraciones de un ser querido que las de un extraño? Evidentemente, se necesita ampliar estos particulares.

Estos estudios, sin embargo, sugieren la posibilidad de que existe un patrón de energía universal o una mente colectiva que puede influir directamente en la salud. Estos resultados pueden interpretarse a la luz de nuestra teoría de este modo: aquellos que están rezando están contribuyendo con su energía curativa a un patrón universal, alterándolo sutilmente, de forma que se produce un retorno más rápido del cuerpo que está siendo curado a una forma mórfica saludable.

Diseccionar la oración

El Grupo de Investigación de Spindrift, en Oregón, descubrió que una semilla de centeno por la que se hubiese rezado crecía más rápido que otra por la que no se hubiera rezado. Dando un paso más allá en la investigación, intentaron descubrir si pedir un resultado específico en la oración era mejor o peor que simplemente pedir que se hiciera la voluntad de Dios. La conclusión fue que las oraciones más efectivas fueron aquellas en las que simplemente se pedía la presencia de Dios.

Éste es un comentario del Grupo acerca de su estudio sobre la oración: «Científicamente, resulta chocante pensar en una fuerza tan inteligente, amorosa, generosa, buena y protectora. Pero el caso es que cada test sobre la oración nos señala de algún modo a una inteligencia amorosa que movió las semillas hacia sus normas».

Sus descubrimientos acerca de que una aproximación indirecta a la oración da mejores resultados, concuerdan con mi teoría de que la oración puede conducir a un organismo a una mayor armonía con su patrón universal.

La fuerza que está en nosotros

Su teoría está en armonía con la ciencia del siglo XXI. Biólogos, astrofísicos y matemáticos están llegando a una conclusión similar acerca de la fuerza fundamental que subyace en el universo. Una revisión objetiva de todos los datos sugiere que hay una fuerza espiritual omnipresente en nuestras vidas, y que la comunicación con esa fuerza es físicamente saludable para nosotros.

Leanna Standish, por ejemplo, ha realizado algunos estudios fascinantes sobre remedios homeopáticos en el tratamiento del sida. Leanna es una psicofarmacóloga y doctora en medicina que durante dos años ha sido miembro del equipo científico del departamento de fisiología y biofísica de la Universidad de Washington. Decidió estudiar acupuntura y homeopatía con el fin de comprender el poder curativo de la mente humana. Según progresaba en sus estudios sobre la mente primate, comenzó a creer que la función del sistema nervioso no podía ser explicada sólo por la biología. Se dedicó a explorar el concepto de un sistema alternativo que incluyera unos campos de energía que se extendían entre diez y quince centímetros alrededor del cuerpo.

Llegó a ser directora de investigación del Instituto Naturopático John Bastar, en Seattle, donde se hizo cargo de un estudio en el que 30 varones seropositivos recibirían tratamiento alternativo, en una combinación de fitoterapia, homeopatía, tratamiento psicológico, medicina tradicional china, hidroterapia y un tratamiento de fiebre artificial, en el que se inducía a la fiebre a matar a los virus. Los resultados fueron prometedores, y los índices de supervivencia mayores de lo normal.

A partir de entonces comenzó a desarrollar remedios homeopáticos específicos para tratar el sida usando factores de crecimiento y citoquinas (las moléculas que el cerebro utiliza para comunicarse con la sangre), enviando señales al cuerpo para incrementar la producción de los agentes del sistema inmunitario, incluyendo interferón, el factor de necrosis tumoral y el factor estimulador de las colonias de necrófagos.

Desde un punto de vista tradicional de la medicina el inyectar en el cuerpo factores que van a incrementar el sistema inmunológico tiene todo el sentido del mundo. La doctora Standish llevó a cabo increíbles soluciones diluidas de los factores, disoluciones tan débiles que, en teoría, eran poco más que moléculas en el agua. Los escépticos se rieron de ella, argumentando que los tratamientos no eran más que un tratamiento de fe a base de agua.

El sida no es el tipo de enfermedad que responde a tratamientos de fe a base de agua. Ese horrible virus debe ser combatido mediante «medicina de verdad», y los tratamientos de la doctora Standish resultaron ser «medicina de verdad». En un estudio de placebo controlado, el sistema inmunológico de los pacientes seropositivos mejoró. Los factores de coagulación sanguínea aumentaron, la carga viral descendió y, lo más importante, los pacientes ganaron peso y vivieron durante más tiempo.

¿Cómo pudo suceder? La doctora Standish estaba tan asombrada como feliz. «Las implicaciones son enormes –dijo–. Esto puede significar que se puede tener un efecto biológico sin necesidad de moléculas (como sucede con la oración).»

¿Cómo funciona algo así? Para mí, la progresión lógica es:

1. se ha comprobado que fuerzas inmateriales, tales como la de la mente, pueden tener efectos biológicos;

2. es lógico asumir que estas fuerzas inmateriales operan a través de algún tipo de patrón universal de energía, que conforma los cimientos de la realidad material;

3. este patrón universal (que algunos llaman Dios) responde corrigiendo errores en los patrones de energía localizados, que subyace en la existencia de todo ser humano.

Verrugas incluidas

Es algo sabido y comprobado que el poder de la imaginación puede hacer que las verrugas prácticamente se disuelvan. Numerosos estudios clínicos, especialmente los realizados con niños, han demostrado que con unas pocas sesiones de hipnosis, las verrugas desaparecen. En estos estudios, a veces se les dice a los niños que imaginen naves espaciales disparando contra las verrugas o a Dios ordenando que desaparezcan.

En mi práctica médica yo mismo he podido comprobar esto. En una ocasión, una paciente, una chica mormona, quiso verse libre de las verrugas que llenaban sus manos. Medicación y visitas a dermatólogos habían resultado poco efectivas, así que le sugerí que rezara para que Dios las hiciera desaparecer. En unas semanas, no quedaba ninguna.

Algo similar ocurrió con otra paciente. Esta niña tenía dos verrugas en el estómago, pero, por esas misteriosas razones infantiles, quería verse libre sólo de una de ellas. Entonces llevé a cabo un experimento. Le dije que disparara con su imaginación un rayo láser contra la verruga que quería hacer desaparecer, dejando a la otra en paz. Como es fácil de imaginar, la verruga elegida como objetivo desapareció.

La ciencia médica no sabe por qué ocurren cosas así. Si lo supiéramos, la lucha contra el cáncer experimentaría un enorme avance, puesto que las verrugas no dejan de ser tumores, aunque benignos, que crecen a consecuencia de un estímulo vírico.

Esto me hace recordar a un viejo pediatra que me inició en el uso de la hipnosis para acabar con las verrugas. Siempre llevaba una «piedra de las verrugas» en el bolsillo. Cuando veía a un niño con una verruga, la sacaba y se la entregaba al niño, explicándole que tenía que frotarla contra la verruga hasta que desapareciera. Normalmente, las verrugas tardan una media de nueve meses en desaparecer de forma espontánea. Con el sistema de este médico, solían desaparecer en una semana.

El caso del señor Wright es otro ejemplo del poder de la mente sobre el cuerpo, aunque ciertamente más dramático. Su caso apareció en la literatura médica de los años cincuenta. Esta persona estaba muriéndose de linfosarcoma. Tenía grandes masas tumorales repartidas por todo su cuerpo. Entonces apareció una nueva medicina, el Krebiozen, y los periódicos la presentaron como un tremendo avance en la lucha contra el cáncer. El señor Wright le pidió a su médico que le sometiera a ese tratamiento, pues estaba seguro de que con él sanaría.

Desgraciadamente, el medicamento se encontraba aún en fase experimental y sólo se iba a suministrar a una docena de pacientes, entre los que no se encontraba él. Sin embargo, fue tan insistente en su petición que se le suministró el medicamento, aunque sin tomar parte del estudio.

A los tres días de comenzar el tratamiento, sus tumores redujeron su tamaño a la mitad. Pronto comenzó a darse paseos por el jardín, bromeando y riendo. Al cabo de tres meses los tumores habían desaparecido.

Sin embargo, a los pacientes que formaban parte del estudio no les fue tan bien. Todos murieron. De nuevo los periódicos se hicieron eco, aunque esta vez denunciando la nueva droga milagrosa como un fraude. Cuando el señor Wright leyó los artículos, los tumores aparecieron de nuevo.

Entonces, su médico, el doctor West, tuvo una idea audaz. Mintió al señor Wright, diciéndole que una nueva versión del medicamento, más fuerte que el anterior, acababa de llegar. Con el fin de crear la necesaria expectación en el paciente, pospuso para el día siguiente la administración del medicamento. Al día siguiente le fueron inyectadas unas jeringuillas que no contenían más que agua. Sin embargo, los tumores volvieron a retroceder. El fluido en sus pulmones desapareció y de nuevo recuperó la salud.

Desgraciadamente, justo dos meses más tarde, se distribuyó un informe en el que se explicaba que el Krebiozen era absolutamente inservible. El señor Wright recayó de nuevo, y esta vez murió.

Todos los médicos saben que hay algo llamado «efecto placebo», y que placebos como las conocidas e inocuas pastillas de azúcar, en ocasiones sanan a pacientes a los que se hace creer que se trata de «verdaderas medicinas». La pregunta es: ¿cómo funciona el placebo? Y ¿qué es exactamente la conexión cuerpo-mente? Es algo que, verdaderamente, sigue siendo un misterio de la medicina.

La teoría del placebo

Ahora podemos empezar a comprender algo más el efecto placebo. Yo propongo una teoría específica de cómo tiene lugar la interacción cuerpo-mente. De hecho, la vinculo a otras acciones entre la energía y el cuerpo tales como la homeopatía, la acupuntura o la medicina tradicional china, todas ellas de probada efectividad. Ahora debemos descifrar este misterio y empezar a aprender cómo desatar el poder curativo de la mente.

El punto de partida, aunque suene extraño, son las historias que los niños cuentan tras haber tenido una experiencia próxima a la muerte. Un ejemplo típico de esta clase de historias es el caso de una niña que llamaré Alice.

Enferma de cáncer, esta niña de diez años de edad ya se había sometido a varios ciclos de quimioterapia. La enfermedad estaba muy avanzada, y los doctores que la trataban les habían dicho claramente a los padres que había pocas esperanzas de recuperación.

Durante uno de los ciclos de quimioterapia, se le suministró por accidente una dosis más elevada de lo que le correspondía, y estuvo a punto de morir. Permaneció en coma durante varias horas, pero cuando se recuperó, parecía muy feliz de lo que le había ocurrido.

La historia que contó era la típica de aquellos que han experimentado remisiones radicales de una enfermedad. Dijo que había abandonado su cuerpo, adentrándose en una luz brillante. La luz estaba llena de gente amigable, pero uno de ellos llamó su atención de forma especial. Era un hombre barbado que Alice describió como «parecido a Jesús».

«Me dijo que aún no era mi tiempo y que debía regresar a mi cuerpo para continuar viviendo», dijo.

Desde aquel mismo momento, Alice experimentó una increíble remisión de su enfermedad. Su cáncer quedó bajo control y ha continuado mejorando desde entonces.

Historias como ésta nos demuestran que algunos pacientes reciben más ayuda que la que les puede proporcionar la medicina moderna. Soy consciente de que esto les puede parecer increíble a algunos, pero la recuperación que tiene lugar tras la EPM y el encuentro extracorpóreo con un ser divino me está diciendo que, en este caso como en otros, los doctores no son los únicos que participan en el proceso curativo del paciente. De algún modo, quizá a través de la conexión biológica de nuestro lóbulo temporal derecho, podemos recibir ayuda de una fuente universal de energía curativa.

No soy, desde luego, el primero en sugerir que tal conexión existe.

El doctor Lewis Thomas fue un respetado médico y escritor, el presidente del centro de cáncer Sloan-Kettering, en Nueva York. A menudo imprimió ciertos toques de misticismo a sus obras, especialmente cuando describía algo inexplicable en el mundo de la ciencia médica. Un ejemplo es el estudio sobre las verrugas. Cuando leyó el estudio en el que se explicaba que a través de la hipnosis podían desaparecer las verrugas, declaró su creencia en un ser superior:

«Tiene que haber alguien a cargo, que regule los asuntos de forma meticulosa más allá de la comprensión humana, un ingeniero y director experimentado, un jefe ejecutivo, la cabeza de todo el asunto. Pero hasta ahora, quién o qué es, está más allá de la comprensión.»

La práctica totalidad de los que han estudiado el poder curativo de la mente han llegado a la misma conclusión. Yujiro Ikemi, uno de los más avanzados investigadores de curaciones espontáneas (las curaciones que la gente que no pertenece a la clase médica denomina «milagrosas»), propone el siguiente modelo:

«Todos los niveles de organización están unidos a otro en una relación jerárquica, de tal modo que un cambio en uno implica un cambio en los otros.» Estoy de acuerdo. Creo que nuestro lóbulo temporal derecho crea cambios dentro del sistema inmunológico del cuerpo y cambia la organización a un nivel subatómico así como en el nivel universal de energía.

Esta otra historia también sirve para ilustrar mi punto de vista: Rita Klaus tuvo una recuperación completa y espontánea de su esclerosis múltiple. Este tipo de remisiones a veces ocurren, pero ella tuvo una completa recuperación de lo que se había pensado que serían áreas definitivamente dañadas.

El día anterior a su recuperación se encontraba esperando que su esposo terminara de ver las noticias de las once cuando, de pronto, oyó «una voz dulcísima que procedía de mi interior, del exterior y que al mismo tiempo me rodeaba por todos lados, diciéndome: "¿Por qué no pides?"».

Quedó muda de asombro. Había sido una mujer muy religiosa y había rezado con regularidad, pero desde que se le declaró su enfermedad su carácter se había amargado, sentía cierto rencor hacia Dios y no había rezado pidiendo su recuperación. De hecho, no creía que Dios pudiera curarla.

Sin embargo, en el instante en que oyó la voz, sintió que en su interior aparecía una oración, y sintió «una repentina corriente de energía que salía de debajo de mi nuca y que recorría brazos y piernas, como burbujas de champán». Unos meses antes, mientras rezaba en la iglesia, tuvo lo que denomina «la experiencia más extraña de mi vida»: «Dejé de ver a la gente y al sacerdote. Sólo había una luz blanca, una sensación de amor absoluto me atravesaba. Me sentí perdonada y en paz».

Rita también había tenido una experiencia próxima a la muerte cuando, a la edad de nueve años, estuvo a punto de morir ahogada. En ese momento vio esa misma luz brillante. Me pregunto si haber tenido esa experiencia en su niñez facilitó su curación años más tarde. Su médico, el doctor Donald Meister, declaró: «Las remisiones espontáneas de la esclerosis múltiple son posibles. Lo único que no concuerda en este caso es que el daño ya producido nunca desaparece. Si ha sido producto de una intervención divina o no, es algo que no me corresponde a mí decirlo. Sólo sé que me gustaría saber cómo ocurrió, para poder utilizarlo de nuevo».

Mil millones de puntos de luz

El doctor Elmer Green, director del laboratorio mente-cuerpo de la Clínica Menninger, pionero en la investigación de la biorretroalimentación, ha llegado a medir esta energía curativa. Llevó a cabo una serie de experimentos con sanadores para, según sus propias palabras, «comprobar si se trataba de un engaño o de algo que podía probarse». Utilizando un sistema de medición eléctrica de gran sensibilidad, encontró que el cuerpo de algunos sanadores emitía descargas de energía de ochenta, cien o incluso doscientos voltios de electricidad durante los momentos en los que decían emitir energía curativa. «Es imposible que algo así suceda», dijo el doctor Green. Pero sucedía.

Otros estudios han demostrado la existencia de esta energía curativa. Olga Worrall es una de las sanadoras más estudiadas de nuestro tiempo. Bajo condiciones experimentales, es capaz de producir efectos en organismos vivos y en sistemas inanimados. Robert Millar, científico que trabaja en la investigación industrial, descubrió que el agua «tratada» por Worrall, cuando era examinada bajo el espectrofotómetro de infrarrojos, mostraba cambios producidos por una alteración en la cadena del hidrógeno, un efecto similar al que se produciría si introdujéramos imanes en el agua durante varias horas. El efecto desapareció al cabo de unas horas.

La explicación de la propia Worrall concuerda con nuestra teoría. El cuerpo, según ella, no es una masa sólida, sino un sistema de pequeñas partículas o puntos de energía separados unos de otros por el espacio y sostenidos por un campo eléctrico equilibrado. Cuando estas partículas no se encuentran en su lugar, aparece la enfermedad. La curación espiritual es un modo de equilibrar de nuevo esas partículas.

Encontramos la prueba más elocuente si acudimos directamente a los casos documentados de curación espiritual. Una y otra vez encontramos los mejores casos relacionados con experiencias del lóbulo temporal derecho como EPM, experiencias fuera del cuerpo o visiones espirituales.

De nuevo, la mejor forma de ilustrar esto es con una historia. Joe Mayerle, de treinta y siete años de edad, fue diagnosticado de cáncer de pulmón. Se le informó que le quedaba menos de un año de vida.

Cerca de diez años después, uno de los doctores que le atendieron se encontró de nuevo con él. Al verle, le preguntó:

—¿La última vez que te vi no te estabas muriendo?

—Desde luego –respondió.

—¿Aún fumas? –le preguntó el médico.

—Claro. ¿Quieres uno? –respondió.

El doctor estaba atónito.

—¿Pero qué sucedió? –le preguntó.

Joe le contó su historia. Tras recibir el diagnóstico, todo lo que se le ocurrió hacer fue tumbarse en la cama y repetir una y otra vez: «Voy a morir». No hizo otra cosa durante varios días, y cada día que pasaba se sentía más y más angustiado. De pronto, un día en que la sensación de angustia era extrema, sintió que abandonaba su cuerpo y que se observaba a sí mismo desde fuera. En sus propias palabras: «Hasta la actividad más simple encerraba significados increíbles. Había una belleza indescriptible hasta en las cosas más triviales. Mis ojos se llenaron de lágrimas».

Y eso fue todo. Cuando regresó a su cuerpo, nada volvió a ser igual.

El periodista John Cornwell, en su obra *El sitio oculto de Dios*, un estudio sobre las curaciones milagrosas, dice sobre los casos que ha investigado:

> En el mejor de los casos, parecen traducirse en inexplicables remisiones de enfermedades, por oposición al crecimiento de nuevos órganos o miembros. La curación, por tanto, supone un proceso radical de cura, un retorno a la totalidad, más que un despliegue de magia. Es una vuelta a la plantilla en la que fuimos diseñados originalmente.

Retorno a la normalidad

Cuando estudiamos todos estos casos bien documentados, podemos percibir su verdadera naturaleza. Se trata de un proceso que en raras ocasiones produce verdaderos milagros, sino que más bien supone un retorno a la función normal de las cosas. Ésta es la razón por la que las curas milagrosas a menudo se producen en casos como cáncer o enfermedades relacionadas con el sistema inmunológico, que están relacionados con desórdenes de la función normal, y no comportan el crecimiento de nuevos órganos. Esto concuerda con nuestra teoría del mecanismo curativo, que supone una restauración de la plantilla de energía o campo mórfico que es responsable de lo propio del cuerpo material.

Como científico, no es necesario que me apoye en mis creencias para estudiar la curación por la fe. Tampoco mi falta de ella tendría que suponer un problema. Las pruebas científicas demuestran que nuestro lóbulo temporal derecho tiene la capacidad de curar, especialmente cuando se activa como resultado de la interacción con eso que la mayoría de la gente llama «Dios».

El caso de Cindy Zeligma demuestra una vez más el poder curativo del lóbulo temporal derecho. Siendo una niña sufrió abusos sexuales por parte de un familiar. Nos dice ella misma: «Él tomaba mi cuerpo para su propio placer, en contra de mi voluntad. La única razón gracias a la que podía resistir lo que me estaba sucediendo era "irme". Flotaba hasta la esquina de mi habitación y observaba lo que le hacía a mi cuerpo, pero sentía que no era "yo"». A esto, los psiquiatras lo llaman «disociación», la separación de la mente y el cuerpo. Las EPM, las visiones espirituales y las experiencias fuera del cuerpo son todas experiencias disociativas.

Las personas que han sufrido abusos sexuales siendo niños aprenden a disociarse. Sus mentes adquieren la habilidad de dejar sus cuerpos como resultado del trauma. Algunos estudiosos del tema han especulado con el hecho de que tengan una posibilidad mayor de pasar por una EPM de adultos, puesto que su lóbulo temporal derecho ya se encuentra sensibilizado.

Esto es lo que le ocurrió a Cindy. Ya adulta, se encontraba con su hijo en el sótano de su casa cuando explotó el depósito de gas propano. Tuvo quemaduras en más del noventa por ciento de su cuerpo y su hijo murió. Con una calma extraordinaria, usó sus dedos abrasados para marcar el número de teléfono del servicio de emergencias.

«Llenaba mi cuerpo con luz blanca...»

Fue trasladada en helicóptero hasta Denver, Colorado, y en el trayecto sufrió un paro cardíaco. Salió fuera de su cuerpo quemado y lo vio debajo de ella, en el helicóptero. «Sentí que estaba en una luz, sostenida por dos manos, cálida, amada y en paz. No había sentido algo así desde que era una niña», relataría más tarde. A lo largo de los días siguientes, experimentó numerosas experiencias próximas a la muerte, a menudo viéndose fuera de de su cuerpo.

Tras setenta y cinco días y veintisiete operaciones, aprendió ciertas técnicas para atenuar su dolor. «Siempre me veía a mí misma curándome. Mentalmente, enviaba esmeraldas, diamantes, rubíes y zafiros a mi torrente sanguíneo, y el señor Pacman, el personaje del videojuego, limpiaba mi sangre», explicó.

Todos estuvieron de acuerdo en que su recuperación había sido algo milagroso. Estoy seguro de que su curación se debió en parte a los milagros de la ciencia moderna y de las unidades de quemados, y en parte al de la luz curadora con la que estuvo en contacto durante todo el tiempo. Fue su habilidad para abrir el poder curador de la mente y conectarlo con la gran energía curadora lo que facilitó el milagro.

El especialista en quemados Dabney Ewin, de Nueva Orleans, usa las mismas técnicas para curar a sus pacientes. Ewin induce un trance en el paciente y le ayuda a controlar su dolor dirigiéndole a través de una imaginería guiada. También enseña a esos pacientes a disociar, a desvincular su mente de su cuerpo, lo que parece un elemento esencial en el progreso de curación. Les insta a ir a «una cueva junto al océano, donde se sentirán relajados, felices, libres de responsabilidades», o a un «sitio divertido».

Numerosos estudios clínicos controlados han demostrado que la hipnosis puede ser útil para controlar las heridas provocadas por quemaduras. Para algunos científicos, como el psiquiatra David Spiegel, de la Universidad de Stanford, la hipnosis no deja de ser un estado de disociación y, como tal, es similar a una EPM, y quizá se obtenga a través de las mismas estructuras biológicas.

Bajo hipnosis, los pacientes parecen ser capaces de acelerar la curación de quemaduras y heridas. Como contrapartida, en una ocasión se sometió a hipnosis a trece estudiantes japoneses, diciéndoles que una determinada planta era altamente venenosa. Cuando se les tocó con ella, su piel se llenó de ampollas y bultos, aunque la planta era absolutamente inofensiva.

En un caso dramático, el doctor Theodore Barber usó la hipnosis para tratar a un paciente que padecía «piel de pez». La piel de pez es un tipo de enfermedad incurable en el que el cuerpo se cubre de espesas escamas. Tras cinco días de hipnoterapia, el paciente se había desprendido de su piel gruesa y escamosa, y le crecía piel normal en el noventa por ciento de su cuerpo. El doctor Barber escribió:

> Al menos en algunos casos, las células de la piel que tienen un funcionamiento anormal, empiezan a funcionar normalmente cuando el paciente es expuesto a unas palabras de comunicación específicas.

La hipnosis no es necesaria

Es importante que comprendamos la conclusión del doctor Barber sobre la hipnosis. Él mantiene que no se trata de un estado mental especial, sino más bien de un estado elevado inducido por unas creencias específicas. El estudio del doctor Barber ha demostrado que los efectos de la hipnosis pueden ser obtenidos simplemente pidiendo a las personas que se concentren en determinado objetivo.

Esto tiene unas enormes implicaciones, pues sugiere que nuestros pensamientos cotidianos pueden tener un enorme impacto en la salud, para bien y para mal.

El estilo de determinadas personas, por ejemplo, está asociado con determinadas enfermedades. Los varones dominantes, de carácter colérico y hostil, suelen sufrir ataques cardíacos, mientras que las mujeres pasivas, de carácter maternal y poco dadas a expresar sus emociones negativas, suelen padecer cáncer con más frecuencia. Es, pues, necesario tener presente que no podemos esperar que estos «milagros» que hemos estudiado sucedan durante todo el tiempo, sino que ilustran las habilidades ordinarias que poseemos para sanar o dañar nuestro organismo.

La «energía en ebullición»

Otra investigación sobre curaciones espontáneas ha confirmado el poder curativo de este estado mental intensificado. La escéptica escritora Ruth Cranston, tras analizar sesenta y cinco curaciones milagrosas en Lourdes, escribió: «Muchas personas hablan de un estado de inconsciencia, de un sentirse transportado fuera de ellos mismos, absortos... Es decir, todos los signos subjetivos característicos de los estados disociativos».

Descripciones así son incluso interculturales. Los bosquimanos del Kalahari hablan de una fuerza curativa a la que denominan «energía en ebullición», y que viene desde el exterior del cuerpo para sanarlo.

La *Revista de Medicina y Filosofía* recoge que un tal señor Jacobson, que padecía una hernia de hiato certificada por unas placas de rayos X, sanó gracias a, según sus propias palabras, «una sensación de energía de alto voltaje que me entró en la cabeza. Fue una sensación que sólo puedo describir como burbujas, agua hirviendo que bajaba hasta las yemas de mis dedos y retrocedía».

El cirujano Alexis Carrel, premio Nobel y miembro del Instituto Rockefeller, llegó a la conclusión, tras estudiar varias curaciones espontáneas, de que hay un lugar en el que tienen lugar acontecimientos de la máxima importancia médica, un lugar que puede arrojar una nueva luz en la misteriosa función del sistema nervioso.

Yo creo que esta área es el lóbulo temporal derecho. Es allí donde nuestros pensamientos interactúan con el campo de energía universal, también llamado Dios. Las curaciones espirituales sólo sirven para recordarnos la función fundamental que tienen nuestras mentes a la hora de regular nuestra salud.

8

Convertirte en tu propio sanador

Los cambios electromagnéticos que operan en la curación son frecuentes en las personas que han pasado por una EPM. De hecho, son algunas de las evidencias más poderosas de la conexión entre la mente universal y el cuerpo.

En la mayor parte de los casos, estos campos electromagnéticos sólo curan a la persona en la que tienen lugar, como en el caso de Rita Klaus, la mujer enferma de esclerosis múltiple que mencionábamos en el capítulo anterior.

En otras ocasiones, las personas que experimentan cambios electromagnéticos a través de experiencias próximas a la muerte se convierten en sanadores. Obtienen un poder que les permite influir en la salud de los demás. Una de estas personas es la doctora Joyce Hawkes, bioquímica y sanadora de Seattle que obtuvo sus poderes curativos tras pasar por una EPM.

La doctora Hawkes se mudó a Seattle en el año 1976, donde comenzó a trabajar en una prestigiosa agencia gubernamental para realizar estudios de biología celular. Allí llegó a crear un laboratorio. Era la típica doctora racionalista hasta que un día, mientras trabajaba en casa, una ventana de cristal la golpeó en la cabeza, estando a punto de morir a consecuencia del golpe. En su EPM pudo ver a su madre y a su abuela, que la saludaban desde el final del túnel. También tuvo un encuentro con un ser de luz en un lugar que brillaba con una luz sobrenatural.

En un principio, puso por escrito toda su experiencia, pero creyendo aún que se trataba de un efecto del golpe en la cabeza, y nada más.

Sin embargo, como resultado de la experiencia, empezó a practicar la meditación, lo que hizo que comenzara a tener frecuentes visiones. En 1984, en una de ellas sintió una poderosa llamada que la instaba a que practicara la sanación espiritual. La llamada fue tan fuerte que, según sus propias palabras, «rompió mi corazón».

«Sentí el amor tan profundamente que me di cuenta de que tenía que convertirme en sanadora», dijo. En 1990 fue a Bali de vacaciones, como turista. Una vez allí, los sanadores nativos la reconocieron como uno de ellos, instruyéndola en sus técnicas.

A su regreso a Seattle comenzó a impartir cursos para médicos, enfermeros y todo tipo de científicos que desearan conocer más sobre nuestro potencial curativo.

He podido ser testigo de muchos de los resultados que la doctora Hawkes ha obtenido con muchos pacientes, pero el ejemplo que quiero contar aquí es el de una amiga mía, Sue Volanth.

Mi relación con Sue ha sido muy estrecha desde mi etapa de pediatra interno en San Francisco. La etapa de interno es posiblemente la más dura en el proceso de convertirte en médico con plaza fija. La mía constaba de turnos de treinta y seis horas y muchas sorpresas horribles.

No sé si hubiera sobrevivido aquel año sin la amistad de Sue Volanth. Ella lo fue todo para mí: fue mi primera amistad nada más llegar a la ciudad y cuidaba de mí hasta el punto de asegurarse de que tenía algo listo para comer cuando llegaba a casa exhausto tras los turnos.

Un domingo por la mañana regresaba a casa tras haber completado un turno de cuarenta horas sin pausa. Le comenté que lo peor de mi horario era que jamás podía salir a bailar o a tomar algo un sábado por la noche. Sue llamó a un grupo de amigos, corrió las cortinas del apartamento, puso música de baile en el tocadiscos y me dijo: «Vamos, Mel, hagamos de la mañana del domingo un sábado noche». Era una amiga siempre inspiradora y vitalista.

Después de obtener mi plaza en Seattle, perdí el contacto con ella. Un día me enteré con horror de que hacía cuatro años que estaba en silla de ruedas. Había sufrido un accidente en su trabajo como directora de cine: una pesada pieza del equipo le cayó sobre la pierna. El golpe ocasionó un tipo de daño en el nervio llamado distrofia neuromuscular refleja. Aunque en un principio sólo la pierna se había visto afectada, el esfuerzo anormal para intentar andar terminó dañando sus rodillas y su espalda.

La llamé inmediatamente y me enteré de que estaba siendo tratada por los mejores médicos de Nueva Haven, Connecticut, donde vivía ahora. Sin embargo, su estado seguía deteriorándose.

La convencí para que viniera a Seattle y conociera a la doctora Hawkes. Estaba persuadido de que debía recibir una sesión de curación espiritual. Ésta se ha mostrado siempre especialmente efectiva en daños en el sistema nervioso del cuerpo. La distrofia neuromuscular refleja implica una interrupción en el flujo de energía que atraviesa el cuerpo, lo que provoca un desequilibrio de todo el organismo. Cualquier tipo de tratamiento que recibiera, debía estar orientado a hacer volver al cuerpo a su patrón energético original, desbloquear la corriente energética y permitir de esta forma que el cuerpo recuperara la salud de forma correcta.

Sue tomó un vuelo y vino, con la mente abierta, como siempre, para que la llevara a ver a la doctora Hawkes.

La sanadora tumbó a Sue y comenzó a mover las manos rápidamente sobre su cuerpo, entre ocho y diez centímetros por encima de la superficie de su piel. Inmediatamente identificó un punto, que coincidía exactamente con el área en el que Sue había recibido el golpe. Como el escéptico que era, yo no le había contado a la doctora Hawkes el problema de Sue, con la intención de comprobar por mí mismo si podía detectar el daño del sistema nervioso, cosa que hizo. Permaneció durante una hora usando su cuerpo como conducto, abriendo canales curativos para aportar energía al cuerpo de Sue. Por primera vez en cuatro años, Sue comenzó a andar. Más tarde ingresó en la prestigiosa clínica de rehabilitación de la Universidad de Washington, de donde, tras seis semanas de terapia, salió por su propio pie, con una ligera cojera.

La recuperación de Sue es un prototipo de este tipo de curaciones. La intervención espiritual fue fundamental en su caso. No había podido andar en los cuatro años anteriores, pero salió andando de la visita. Tras este empujón curativo, la rehabilitación «oficial» culminó la recuperación de su salud.

El cuerpo eléctrico

Ya sabemos que las EPM son, desde un punto de vista biológico, un suceso del lóbulo temporal derecho que a menudo conduce a curaciones sorprendentes. También sabemos que alguna de las más impresionantes curaciones se ven acompañadas de la sensación de energías alternativas en el cuerpo.

Se ha demostrado que una experiencia del lóbulo temporal derecho que comporte una interacción con un ser de luz altera los campos electromagnéticos que rodean nuestro cuerpo. Esta experiencia puede producirse dentro de un contexto de EPM, ser un sueño vívido o una visión espiritual. Cualquiera de estas experiencias tiene que ver con el lóbulo temporal derecho y producen cambios en el campo electromagnético del cuerpo. Un ejemplo de esto es el gran número de veces que mis pacientes que han pasado por una EPM tienen que cambiar sus relojes, a causa de que su especial campo electromagnético los ha averiado.

El doctor Elmer Green, de la Clínica Menninger, es un pionero en el estudio de este campo. Incluso ha creado una nueva ciencia para la medición de energías sutiles. Valerie Hunt, doctora en medicina por la Universidad de California en Los Ángeles, también ha llevado a cabo la construcción de sofisticados artilugios para medir esta energía de forma directa.

La doctora Hunt ha publicado varios estudios en los que demuestra que, durante estados fluctuantes de la salud, se producen determinados cambios de energía sutil. Ha encontrado que los pacientes que han pasado por EPM o por otras experiencias disociativas como visiones espirituales, tienen un segundo campo de energía, que vibra en una frecuencia distinta. Sus medidas sirven para diferenciar a pacientes con un buen estado de salud de otros con enfermedades menores de tipo vírico, enfermedades como el cáncer y estados psicológicos como la depresión.

Los aspectos de esta segunda frecuencia de energía son bastante impactantes. Suelen crear interferencias con las bandas magnéticas de algunas tarjetas de identificación o de las tarjetas de crédito, y alteran el correcto funcionamiento de ordenadores y de equipos electrónicos. Es decir, los mismos efectos que hemos visto que provocan muchos sanadores.

Un ejemplo: un neurólogo amigo mío tiene un paciente que es un sanador reiki. Otro médico del edificio le dijo que podía saber cuándo este paciente estaba presente, sin verlo, porque su ordenador siempre dejaba de funcionar. Este paciente pasó por una EPM, en la que recibió un presagio que le anunciaba sus futuras habilidades. No creo que sea demasiado arriesgado extraer la conclusión de que la misma fuente de energía que crea estos cambios energéticos y electromagnéticos en el cuerpo humano sea también responsable de las energías sutiles que operan en las curaciones.

Las seis leyes de la sanación

Paul Pearsall nos ha enseñado las leyes científicas que ha descubierto en su trabajo sobre los «hacedores de milagros». Pearsall es un inmunólogo que pudo salvarse de un cáncer de huesos y sangre con la ayuda médica, por un lado, y gracias a tres experiencias próximas a la muerte, por otro. Pearsall pasó muchos meses en salas de cáncer, donde conoció a otros como él, a los que denominó «hacedores de milagros». Sintió que había seis leyes científicas que gobernaban a estos hacedores de milagros y que todo el mundo debería conocer si quería conservar su salud, incluso en el caso de que no se encuentre frente a una enfermedad que amenace su vida.

Unidad. Los hacedores de milagros tienen un lema: «Todo es uno, y en uno está todo». En esencia, esto significa que compartimos una parte del patrón universal de energía, o consciencia. El físico teórico Edwin Schödinger, ganador del premio Nobel en 1933, sintió que era correcto desde un punto de vista científico aseverar que nuestros cerebros individuales contribuían a la mente universal. Esto era a lo que se refería cuando acuñó la expresión *una mente* con la que intentaba explicar las implicaciones de la física teórica para el estudio de la consciencia. Pearsall mantiene que un paso clave en la realización de milagros es comprender el vínculo que nos une a todos con todo.

Percepción. Hay muchos mundos sensibles, y nosotros existimos en todos de forma simultánea. Hellen Keller fue una hacedora de milagros, porque pudo ver sin tener que usar los ojos y oír sin necesidad de usar los oídos, lo que le permitió viajar y ver a través de muchos reinos de los sentidos. Lo mismo sucede en las experiencias próximas a la muerte. Si el cerebro deja de recibir mensajes desde los cinco sentidos, comienza gracias a eso a percibir otras realidades. Los milagros ocurren cuando traemos energía e intuiciones procedentes de otros reinos sensibles a nuestras vidas.

Simultaneidad. Todo lo que ha sucedido, sucede o sucederá está teniendo lugar de forma simultánea. Los físicos teóricos han tratado de explicar en diferentes ocasiones que el tiempo no es un principio fundamental del universo, pero que la simultaneidad sí lo es. Comprender esto puede explicar cómo la mente puede verse libre de las limitaciones de la distancia y el tiempo.

Campos de fuerza. Nuestras vidas están formadas y dirigidas por campos de energía mórfica que no podemos ver, pero que son fundamentales en nuestras vidas. Podemos alterar estos campos con nuestros pensamientos, lo que a menudo conduce a una restauración de la salud, o a la creación de una enfermedad.

Dinámicas divinas. La energía no puede crearse ni destruirse. El moderno análisis matemático muestra que, como la energía fluye a través de sistemas, el desorden finalmente desemboca en una reordenación del sistema. En otras palabras: la estabilidad conduce al caos, que a su vez conduce a una nueva estabilidad, que de nuevo conduce al caos.

La única constante es el flujo de energía a través del sistema. Los hacedores de milagros ven en el desorden de la energía de una persona la oportunidad de reorganizarla en una estabilidad mayor. Éste puede ser el mecanismo que se esconde tras la curación espontánea del cáncer, pues esta enfermedad no es más que un desorden extremo de la función celular.

A los hacedores de milagros les encanta el caos. El caos, en tanto que conduce a un nuevo orden, es algo siempre saludable. Esto es una continuación del punto anterior. Si el caos es la vida, cuando alcanzas el equilibrio biológico estás muerto. A los hacedores de milagros les encantan las paradojas y la majestuosa belleza de las vueltas y revueltas de nuestras caóticas vidas.

Todo es uno

Así que, ¿qué enseñanza podemos extraer cada uno de nosotros de los descubrimientos de los «hacedores de milagros»?

En primer lugar y ante todo, que nuestras mentes y nuestros cuerpos están interconectados, fundamentalmente a través de emociones y pensamientos. Candance Pert, antiguo jefe del departamento de química del cerebro en el Instituto Nacional de Salud Mental, descubrió docenas de hormonas y proteínas que segregamos como respuesta a nuestras emociones y pensamientos, y que tienen acciones específicas en cientos de lugares a lo largo de nuestro cuerpo. Cada vez que nos reímos, lloramos o nos enfadamos, estamos bombardeando nuestro cuerpo con varias sustancias neuroquímicas que se corresponden con estas emociones.

Sabemos gracias a los estudios de personalidad que no existen «buenos» tipos de personalidades o pensamientos. Cada personalidad lleva asociado un tipo específico de enfermedad. Las personas coléricas u hostiles, que tienen siempre que ser el centro de atención, suelen padecer ataques cardíacos. Las de naturaleza amorosa o maternal, que nunca expresan sentimientos de rabia u odio, suelen desarrollar cáncer. Los depresivos suelen padecer cáncer de páncreas, mientras que las personalidades muy emocionales suelen tener enfermedades del sistema inmunológico.

La investigación nos ha demostrado que es mejor tener un equilibrio de emociones tristes, alegres, coléricas y empáticas, Las personas que tienen muchos amigos y vínculos familiares estrechos viven más que los solitarios, probablemente porque las conexiones familiares mantienen equilibrados a los primeros, al estar expuestos a una completa gama de emociones.

Así que, ¿cómo accedemos a estas emociones para poder ayudarnos a nosotros mismos? ¿Cómo podemos asegurarnos de que no tenemos un exceso de un determinado tipo de emociones, de forma que estemos causando un desequilibrio en el campo mórfico original de nuestros cuerpos? En resumen, ¿cómo podemos saber que la energía de nuestro cuerpo está equilibrada de forma que esté sincronizada con nosotros mismos?

Trabajando con niños que han pasado por una experiencia próxima a la muerte, he ido desarrollando una serie de «reglas de vida». Éstas son los cambios que, consciente o inconscientemente, tienen lugar en las vidas de las personas que han pasado por ese tipo de experiencias. Las he enumerado, completándolas, cuando ha sido posible, con investigaciones médicas o recomendaciones concretas.

Las reglas de los campos mórficos

Siguiendo estas reglas es posible evitar un desequilibrio en nuestro campo mórfico. Cuando el cuerpo queda reequilibrado y vuelve a su campo mórfico original, la enfermedad suele desaparecer y la recuperación tiene lugar. Si esto es cierto, estas diez reglas bien pueden llamarse «las reglas del campo mórfico».

REGLA 1. **Ten muchos amigos y un vínculo con una red social**. Si no tienes una red social fuerte, preséntate como voluntario en tu hospital local, o únete a algún grupo de tu iglesia o a alguno de personas que se reúnan para caminar. Es un método para sentirse bien más efectivo y menos costoso que el tomar vitaminas y medicamentos.

El doctor Dean Ornish, internista de San Francisco que estudia los efectos del modo de vida en las enfermedades del corazón, piensa que la participación de sus pacientes en actividades comunitarias puede ser el elemento clave para la salud de su corazón, posiblemente en mayor medida que las dietas bajas en grasas y el ejercicio. Hacer vida social es el modo más eficaz de exponerte a toda la gama de emociones saludables mientras permaneces sincronizado con tu despensa mórfica.

REGLA 2. **Apaga la mente verbal durante un rato**. La disociación intensifica la resonancia y la comunicación con la mente universal y con el propio campo mórfico. La práctica totalidad de las actividades que conllevan la supresión del narrador interno (bordar, colocar cebos en anzuelos, coleccionar y organizar sellos, meditar...) tienen este efecto. Cantar o cualquier tipo de música ritual tiene una función similar.

Apaga la mente verbal durante veinte o treinta minutos al día. No es necesario que te retires a una habitación aislada. Si el narrador interno hace su aparición (y siempre lo hace), simplemente redirige tu mente hacia la actividad o pronuncia la palabra *uno* (o cualquier otra) una y otra vez hasta que la voz desaparezca. Es más fácil de hacer de lo que piensas.

REGLA 3. **Ten reglas y hábitos para influir en tu salud**. Romper la rutina puede poner en peligro tu salud. Cualquier interrupción de la rutina, sea positiva o negativa, puede tener efectos negativos en la salud. Un ascenso, las navidades, el nacimiento de un hijo o un súbito aumento de tus ingresos pueden ser tan peligrosos para tu salud como una enfermedad, una muerte en la familia o perder el trabajo.

La idea no es evitar el estrés de la vida, sino mitigar su impacto. Ten costumbres regulares y saludables tales como sentarte a comer en un ambiente relajado tres veces al día, hacer ejercicio de forma regular, etc., y conviértelas en parte de una rutina. Especialmente si te encuentras en un período de transición, una rutina regular será muy beneficiosa para tu salud.

REGLA 4. Ten fe en un sistema de creencias y síguelo. ¿Recuerdas los estudios de Princeton sobre la influencia de la mente sobre la materia realizados con las bolas de Styrofoam? Demostraban que las personas que de forma regular tratan de influir en su entorno, pueden hacerlo de modo sutil.

La fe en un sistema de creencias es el tema subyacente en las interacciones mente-cuerpo. Sir William Osler, el padre de la medicina moderna, lo expresó así: «La fe en dioses o en santos cura a uno, la fe en las píldoras a otro, la sugestión hipnótica a un tercero, y la fe en el médico a un cuarto. La fe con la que trabajamos tiene sus limitaciones, pero es la mercancía más valiosa».

REGLA 5. El estrés en nuestra vida no supone necesariamente un factor de riesgo. En realidad es la sensación de desamparo y de pérdida de control sobre nuestras vidas la que puede llegar a ser mortal. La sensación de que la propia vida no es importante o de que no tiene ningún sentido es un factor de riesgo importante.

En un estudio muy conocido que se llevó a cabo con ratones de laboratorio, se inyectó a algunos de los animales una sustancia que provoca la aparición de tumores. Posteriormente, se les aplicó descargas eléctricas aleatorias, pero a un grupo se le permitió huir tras recibir las descargas y a otro no. Este último grupo desarrolló el doble de tumores que el primero.

Los autores del estudio llegaron a la conclusión de que la sensación de desamparo es un factor de riesgo en la formación de tumores. Otros muchos estudios llevados a cabo con animales han demostrado que la sensación de mantener el control y el tener la capacidad de tomar decisiones es esencial para mantener un buen estado de salud.

Los estudios realizados con personas sometidas a un alto nivel de estrés laboral, con horarios erráticos y largas jornadas de trabajo incluidas, demostraron este aspecto. Un jefe y su secretaria pueden trabajar el mismo número de horas y estar sometidos a las mismas presiones, pero será la secretaria la que contraiga alguna enfermedad a consecuencia de trabajar en esas condiciones; la causa es lo que los investigadores llaman «falta de libertad de decisión». Así pues, no seas pasivo en tu vida diaria. Es importante para tu salud tomar decisiones y sentir que tienes el control. Aunque las decisiones sean a veces equivocadas, serán al menos tus decisiones.

REGLA 6. **La cólera mata y el amor cura**. Un carácter colérico y hostil es un importante factor de riesgo para padecer colesterol alto. El doctor Redford Williams, médico en la Universidad de Duke, demostró que el veinte por ciento de los médicos con altos grados de hostilidad a los veinticinco años habían muerto al alcanzar los cincuenta, mientras que sólo el dos por ciento de aquellos que tenían niveles bajos murieron con esa edad.

Éste y otros estudios nos demuestran que la cólera y la hostilidad traen consigo un gran número de enfermedades. Las evidencias científicas apuntan hacia un universo amoroso, diseñado para mimar la consciencia. Las evidencias clínicas en los casos de EPM nos dicen que aquellos que pasan por ellas son recibidos por un estallido de amor puro e incondicional.

Sabemos gracias a trabajos bien documentados que las visiones espirituales tales como las que tienen lugar en las EPM, también pueden llegar a curar. Sabemos que la oración puede ayudar a la recuperación de pacientes infartados. Ahora, gracias a las lecciones de los niños que han estado a punto de morir, sabemos exactamente cómo y por qué se producen estas curaciones.

Varios de los niños con los que he trabajado para mis estudios sobre este tema me han llegado a decir: «La vida en su totalidad está conectada. Todo y todos son importantes. Mi vida es importante porque todas lo son. La vida es para vivirla, y esa luz está en todas partes».

REGLA 7. **Necesitamos que nos abracen y nos toquen de forma regular.** Sé que frases como «un abrazo al día mantiene alejado al doctor» pueden parecer divertidas, pero varios estudios han probado que las personas a las que se las abraza o que abrazan tres veces al día tienen un índice de enfermedades notablemente inferior a aquellos que ni abrazan ni son abrazados. Es algo sabido que los niños prematuros a los que se les masajea crecen más rápido, más sanos y sus pulmones funcionan mejor que aquellos que no reciben masaje alguno. Los estudios sobre la saturación del oxígeno muestran un aumento inmediato del oxígeno en la sangre tras el masaje.

El toque terapéutico es un remedio probado. Consiste en tocar los límites de energía del cuerpo.

En la mayoría de las personas, estos límites se extienden a unos diez o quince centímetros del cuerpo físico. El toque terapéutico se aprende fácilmente y es muy efectivo. Sus beneficios se pueden apreciar en cuestión de minutos, especialmente en personas que padecen asma, dolor crónico, dolores de cabeza o enfermedades del sistema inmunológico de carácter crónico. He evitado que más de un asmático tuviera que ser ingresado en la unidad de cuidados intensivos simplemente añadiendo el toque terapéutico a su tratamiento.

Regla 8. **No aprendas a estar enfermo. Enséñate a ti mismo y a tus hijos a estar bien.** Los investigadores están descubriendo que muchas personas han «aprendido» enfermedades o el hábito de estar enfermas. En la Universidad John Hopkins han analizado el modo en que los padres actúan cuando sus hijos cogen un catarro. Algunos padres les hacen regalos cuando están enfermos. Sin darse cuenta, estos padres están transmitiendo a sus hijos el mensaje de que la enfermedad es un modo de obtener cosas y evitar hacer tareas desagradables, como tener que hacer los deberes o asistir a los exámenes.

Cuando estos niños crecen, tienen una predisposición mayor a padecer de intestino irritable, calambres dolorosos, dolores menstruales (en el caso de las mujeres) e incluso enfermedades de origen vírico.

Se llevó a cabo un estudio con niños asmáticos en el Hospital Nacional Infantil de Washington D. C., centrado en niños con una predisposición genética a padecer asma. Sus madres fueron entrevistadas con el fin de averiguar el grado de estrés que existía en casa, la estabilidad de sus matrimonios y su capacidad para soportar la tensión del trabajo, del cuidado del niño o de ambas cosas. Se descubrió que había un cuarenta por ciento más de niños asmáticos con padres estresados.

La mejor estrategia es concentrarse en el bienestar. El centro de dolor crónico de la Universidad de Washington estudió qué áreas en las vidas de sus pacientes eran fomentadas por el dolor crónico. Comprender cómo los pacientes obtenían algún beneficio de sus enfermedades podría ser un punto de partida para saber cómo ayudarles.

Debemos aprender estas lecciones para aplicarlas en nuestra vida cotidiana, y emplear unos minutos en analizar cómo nos beneficiamos de los dolores y las enfermedades que padecemos. Uno de los motivos por los que como demasiado es porque es uno de los pocos momentos en los que puedo estar a solas y mimarme a mí mismo. Si aprendo a relajarme con un baño caliente o corriendo un rato, perderé mi deseo de comer. Los terapeutas mente-cuerpo encuentran una relación entre algunos aspectos de modelos de vida tóxicos, tales como la sobrealimentación, y necesidades emocionales que encuentran consuelo en esos hábitos.

Nos hemos acostumbrado a pensar que comer demasiado, por ejemplo, no es sano. Debemos seguir el ejemplo de los doctores que hemos mencionado antes y analizar por qué esos hábitos nos resultan agradables, qué obtenemos de ellos, y tratar de sustituirlos por otros comportamientos, menos tóxicos, que pueden ayudarnos a conseguir el mismo objetivo.

Algunos ejemplos de comportamientos negativos que pueden ser sustituidos por otros son:

- trabajar demasiado o quedarse hasta más allá de la hora en la oficina, para evitar regresar a una casa solitaria. Quizá inscribirte en un club de ajedrez o en un grupo de la parroquia sea más saludable, si vives solo y sin familia;
- beber en exceso para encontrar alivio a la depresión que padecemos. Es mejor tratar de comprender la naturaleza de la depresión y reconocer que hay excelentes medicamentos para tratar la ansiedad de la depresión, que no nos crearán los problemas asociados que comporta el abuso de alcohol;
- comer demasiado para cambiar nuestra imagen. Sería más saludable preguntarnos en qué nos va a beneficiar nuestra obesidad. Aunque ésta parezca una pregunta absurda, podemos encontrarnos con que tiene algunas respuestas que nos sorprenderían.

Algunas personas, por ejemplo, descubren que comer demasiado es un medio de mantener la atención de unos padres que desean que adelgacen. Permaneciendo gordo, esa persona continuará recibiendo la atención de aquellos que están preocupados por su estado.

Otras personas descubren al perder peso que deben enfrentarse con su propia sexualidad, algo que, mientras engordaban, había permanecido ignorado de forma inconsciente.

Muchas veces hay razones inconscientes para la obesidad. Igual que somos lo que comemos, también comemos como somos. Preguntarte por qué comes mucho y meditar sobre la primera respuesta que te venga a la cabeza puede resultar el punto de partida de un importante cambio en tu vida.

REGLA 9. **Medita o reza de forma regular.** Las técnicas de meditación están diseñadas específicamente para inducir a estados disociativos o alterados de consciencia, creando un vínculo directo entre nuestras mentes y la energía universal. También nos pone en contacto con el campo de energía mórfica, que es la fuente de la estructura biológica de nuestro cuerpo.

Una de esas técnicas es la denominada «meditación consciente». En lugar de acallar la voz del narrador interno, como hemos mencionado en la regla 2, la meditación consciente se concentra en los pensamientos, en las sensaciones y en la incomodidad física. Ésta es una práctica desarrollada en Oriente hace más de dos mil años como una forma de ayudar a las personas a permanecer en un estado de alerta y de enseñarles la sabiduría encerrada en el hecho de vivir cada momento de la vida en toda su plenitud.

Esa técnica ha sido estudiada en la Clínica para la Reducción del Estrés del centro médico de la Universidad de Massachussets, donde se enseña a los pacientes a concentrarse durante cuarenta y cinco minutos al día en todo lo bueno que les ocurre.

El propósito de la meditación consciente no es detener la mente, sino observarla en acción. Como solía decir uno de mis compañeros en la facultad de medicina: «No puedes detener las olas, pero sí aprender a hacer surf».

Comer de forma consciente es una técnica que se usa en los tratamientos para perder peso. Los individuos obesos a menudo no saborean la comida, y casi siempre comen demasiado deprisa. Éstos son algunos ejemplos de cómo evitarlo:

- ✔ *observa la comida.* Examina su composición, su aspecto y entérate de dónde procede. *Sé consciente de tu respiración mientras comes.* Siente la comida en tu boca. *Mastica despacio.* Trata de diferenciar el sabor y la textura. Presta atención a los impulsos que te empujan a tragar deprisa ese bocado y dar paso al siguiente. *No te dejes arrastrar por el deseo de engullir o de comer más de la cuenta.* Observa esta sensación de forma desapasionada. Continúa masticando, sintiendo al mismo tiempo cómo tu cuerpo quiere pasar rápidamente al siguiente bocado;
- ✔ *antes de tragar, piensa sobre el hecho de tragar.* Siente la comida en la base de tu garganta y cómo va bajando por tu esófago;
- ✔ *piensa en cómo te sientes (ansioso, deprimido...).* No reprimas tus pensamientos ni los juzgues. Obsérvalos como haría alguien ajeno a ellos. Este tipo de análisis debe extenderse a cualquier actividad diaria que normalmente llevamos a cabo sin pensar.

Los psicólogos Joel Weinberger y David McClelland, de la Universidad de Boston, han demostrado que un efecto profundo de este ejercicio es el aumento de la sensación de estar conectado con los demás y con el universo. Ya sabemos que ésta es también una de las más importantes lecciones que aportan las EPM, pero también que puede ser obtenida por la simple estimulación del lóbulo temporal derecho a través de la meditación consciente.

REGLA 10. **Practica el optimismo.** ¿Cómo podemos «aprender» a ser optimistas? ¿Por qué es algo tan importante? Una vez más, podemos encontrar una respuesta en las EPM. Aquellos que han pasado por ellas tienen la firme convicción de que sus vidas son importantes y están llenas de sentido. Suelen situar los acontecimientos tristes o desagradables dentro de un contexto global, comprendiendo que las cosas malas también les pueden suceder a las buenas personas, y que todo es parte de eso que llamamos «la vida».

Estas actitudes tienen los mismos efectos beneficiosos cuando son puestas en práctica por personas que no han pasado por una experiencia de ese tipo. El «Estudio sobre el desarrollo del adulto» que comenzó la Universidad de Harvard en 1937, fue concebido como un seguimiento de la personalidad y la salud emocional de unos determinados individuos a lo largo de sus vidas. El estudio se prolongó durante treinta y cinco años y se llevó a cabo con un grupo de estudiantes, que fueron sometidos a una extensa batería de tests psicológicos y de entrevistas realizadas por psiquiatras. El estudio encontró que aquellos que tenían una perspectiva optimista de la vida gozaban de mejor salud que aquellos que eran pesimistas. Esto se podía apreciar especialmente bien a los cuarenta y cinco años, pero se perpetuaba a lo largo de la vida.

Se realizó un estudio similar en el Instituto Politécnico de Virginia, y se obtuvieron los mismos resultados. Un tercer estudio, realizado esta vez por la Universidad de Pensylvania, fue aún más allá, llegando a encontrar un vínculo significativo entre la actitud optimista y estudios específicos de la sangre sobre el sistema inmunológico, que incluían a los ayudantes de las células T y los supresores de las mismas células. El estudio demostró que las personas optimistas combatían la infección mejor que las pesimistas.

Muchos otros estudios documentan el mismo efecto. Los pacientes sometidos a un *bypass* coronario que tienen una actitud optimista sobre su recuperación, vuelven antes al trabajo, gozan de una mejor vida sexual y viven más tiempo que aquellos que tienen una actitud pesimista. Los pacientes que quedan paralizados a consecuencia de una herida en la espina dorsal, pero que mantienen una actitud optimista, recuperan antes sus funciones neurológicas que aquellos que no la mantienen.

La sensación de control es también importante para la salud. Investigadores de Harvard y Yale llevaron a cabo un estudio con residentes de un asilo de ancianos. Dieron a la mitad de los residentes el derecho de tomar decisiones sobre su vida diaria, tales como cuándo ver una película, qué películas ver, la composición de sus comidas y otras cosas. Al cabo de dieciocho meses, los pacientes que tenían un mayor control sobre sus decisiones se encontraban más felices, más optimistas, y con un índice de un quince por ciento de mortalidad, frente a un treinta por ciento del grupo obligado a seguir la rutina del asilo.

Los resultados de este célebre estudio nos demuestran que podemos alterar nuestra personalidad a través de nuestros actos, y que esos actos pueden tener un profundo efecto en nuestra salud. Los residentes fueron asignados a un grupo o a otro de forma aleatoria. El grupo optimista aprendió a serlo al dársele más control sobre sus propias vidas.

Las personas pesimistas son a menudo aquellas que no han aprendido la importante lección que nos traen los niños que han pasado por una EPM. Cuando algo malo sucede, son incapaces de colocarlo en un contexto global. Inmediatamente generalizan, diciendo: «¿Ves? Todo lo malo me sucede a mí».

Como regla general, los optimistas usan explicaciones exteriores específicas para los sucesos negativos o desagradables. Los pesimistas tienden a buscar explicaciones interiores y globales. Un ejemplo: un hombre se acerca a una mujer en una fiesta y le pregunta si quiere salir con él. Ella rechaza la propuesta. La respuesta del pesimista será algo parecido a: «Resulto aburrido», o «Soy feo».

Por el contrario, el optimista pensará: «Vaya, hoy está de malas». Esto implica que es posible que la próxima vez se encuentre en un estado más receptivo, o simplemente que sea otra persona la que esté interesada en él. El pesimista se culpa a sí mismo por el rechazo. El optimista enmarca la experiencia en un contexto más amplio, y piensa que el problema está en la otra persona.

Hay estudios que demuestran que se puede enseñar a los niños a ser optimistas, ayudándoles a ver los fallos como una oportunidad para mejorar, canalizando su pesimismo, haciendo que analicen las tendencias pesimistas de amigos y profesores, y enseñándoles a no generalizar cuando cometan un error.

Juntarlo todo

Comprender las bases de las EPM es la llave que permite acceder al mejoramiento de nuestra salud y que aporta optimismo, confianza y amor a nuestra vida diaria.

El Instituto Nacional de Descubrimientos Científicos, del que soy miembro, está trazando en este momento una agenda experimental para la investigación de la consciencia. Uno de los campos que estamos estudiando es el efecto de las EPM en el sistema inmunológico.

Una de las personas a las que estamos estudiando es Paul Carr. Paul era auditor para el estado de California, y estuvo a punto de morir de un ataque al corazón. Antes de su EPM, tenía un serio problema de sobrepeso, estaba siempre malhumorado y trabajaba en una oficina oscura porque su depresión hacía que no tolerara la luz del día. Tras su experiencia, me contó que nunca más pudo regresar a esa oficina. La infelicidad que representaba para él aquel lugar era demasiado grande.

De pronto sintió que se le había desarrollado un gusto por hablar y relacionarse con las personas, y se convirtió en agente inmobiliario, logrando un gran éxito. Disfrutaba con el reto que suponía encontrar la casa perfecta para cada persona. Pasó de tener una personalidad lineal y pasarse el día contando números a tener un punto de vista de las cosas más global y a poder apreciar las conexiones de la vida.

Paul siente ahora que su EPM fue beneficiosa para su salud, y examinando su ficha médica nadie podría llevarle la contraria ahora. Piensa que tiene que agradecer su salud renovada a las lecciones que aprendió de su experiencia. Ahora Paul vive la vida en su plenitud, presta atención a lo que sucede a su alrededor y está convencido de que todo lo que ocurre tiene un propósito y es para bien.

Todos éstos son aspectos de una personalidad saludable que puede obtenerse sin tener que pasar por una experiencia tan extrema. Sólo hay que ser consciente de que son importantes y de que se pueden adaptar a tu vida si lo intentas.

Un viejo aforismo reza: «Lo que ves es en lo que te conviertes». Creo que esto quiere decir que nuestra actitud en nuestras vidas es lo que les da forma. Esto tiene todo el sentido del mundo, y tiene además una estrecha conexión con el amor. Si un niño crece sin amor, será un adulto infeliz, que muy posiblemente padecerá problemas de salud.

Activar el lóbulo temporal derecho nos ayuda a hacernos mejores, porque nos hace conscientes del mundo que nos rodea y nos hace saber que las cosas tienen un significado interior que hasta entonces no conocíamos. Además, nos permite descubrir que todos tenemos en nuestro interior una fuente de curación, un ayudante secreto, que siempre está presente y que actúa a un nivel inconsciente.

El mensaje más importante de las EPM es que la vida tiene sentido y que todos estamos conectados. Si encontramos estas conexiones, habremos hallado el secreto de la salud y de la larga vida.

9

Confiar en tus sensaciones

> Todo lo relacionado con el «mundo del espíritu», la
> muerte, todas esas cosas que nos son tan cercanas, han sido
> expulsadas de la vida por nuestra diaria actitud defensiva,
> de tal forma que el sentido con el que podríamos ser capa-
> ces de comprenderlas, ya se han atrofiado.
>
> RAINER MARIA RILKE

En mis estudios acerca de las experiencias próximas a la muerte
he oído de forma repetida esta frase: «Haz caso a la voz que oyes
en tu cabeza».

Es la voz que oyó un médico que se encontraba a punto de
coger un avión para asistir a una conferencia en Nueva Orleans.
Mientras se despedía de su hijito, oyó claramente una voz que
le decía: «No le volverás a ver más». No se trataba de un pensamiento propio, o de la manifestación inconsciente de un temor.
Muchas veces antes había tenido pensamientos, manifestaciones
de temor irracional o expresiones de miedo por que le pudiera
pasar algo a su hijo. Esto era algo completamente diferente. Se
trataba de una voz que sonaba alta y clara en su cabeza; tanto
que miró a su alrededor, pensando que alguien más habría podido oírla.

Desgraciadamente, la voz que oyó decía la verdad. Su hijo murió a consecuencia del síndrome de la muerte súbita del lactante mientras él se encontraba en la conferencia.

Otra historia de esta naturaleza tiene como protagonista a uno de los médicos que trabajan conmigo. Una noche, cuando conducía desde el hospital de regreso a casa, se detuvo ante el semáforo en rojo de una intersección que, a esa hora, estaba desierta. Cuando la luz cambió a verde, sintió en el estómago una sensación de miedo tan intensa que creyó que iba a vomitar. Su corazón latía rápido, comenzó a sudar copiosamente y no podía levantar el pie del freno.

De pronto, un coche que venía a toda velocidad se saltó la luz roja y cruzó la intersección. De haber acelerado en el momento que la luz del semáforo le daba paso, ese coche le hubiera golpeado y posiblemente él hubiera muerto en el accidente. Llamó a esta experiencia «intuición sensitiva», pues, como dijo: «No oí ninguna voz que me dijera que no me moviera, pero el resto de mis sentidos sí lo hicieron».

La intuición, que ha sido definida como 'llegar a conclusiones o tomar decisiones sin pasar por un proceso explícito o consciente de pensamiento razonado', es posiblemente la menos controvertida de las habilidades paranormales. Incluso un juego como el bridge tiene en cuenta la existencia de las corazonadas. De hecho, los jugadores que tengan corazonadas y las usen en el juego están obligados a comunicárselas a los demás jugadores. Esta regla es una prueba de la existencia de la intuición, ya que no existiría de no haber jugadores que tomaran decisiones de forma regular basándose en sus corazonadas.

Hasta el día de hoy, aún no se ha logrado identificar el origen de las corazonadas o intuiciones. Los mejores intentos han asumido que la intuición representa la mente inconsciente reuniendo e interpretando los datos sensibles que se reciben y no son interpretados de forma consciente. Como hemos compro-

     Donde Dios habita

bado, la intuición representa la entrada desde una fuente diferente a la de los cinco sentidos. Consiste, de hecho, en nuestra habilidad para interactuar directamente con una realidad no localizada, también conocida como «Dios».

Actividad normal

La intuición es la función propia del lóbulo temporal derecho. La esencia de la intuición consiste en el hecho de que hay una conexión directa entre la mente humana y la mente universal, una conexión directa entre los patrones organizados de energía que representamos y el patrón total en el que estamos encerrados.

Aprendiendo cosas sobre la naturaleza de la intuición aprendemos al mismo tiempo a conectar de nuevo con Dios y a redescubrir el sentido de nuestras vidas. Ésta es la función esencial del lóbulo temporal derecho. No hacer predicciones de mercado o mover pequeñas piezas de metal, sino dar sentido y propósito a nuestras vidas, la de conectarnos de nuevo con eso que la mayoría de la gente llama «Dios».

De ronda

Entonces, ¿qué es lo que hace el lóbulo temporal derecho? Su función mejor documentada es sin duda la de procesar e interpretar la memoria. La intuición descansa en gran parte en la habilidad del lóbulo temporal derecho para recordar cada detalle de lo que percibe el cerebro, incluso aunque la mayoría de los recuerdos nunca son procesados de forma consciente. Un ejemplo puede ser un policía que, haciendo su ronda, se detiene en una tienda, donde percibe de forma intuitiva que está teniendo lugar un robo. Muchos policías pueden describir esa sensación y, como resultado, actuar con rapidez. De hecho, son situaciones tópicas como la descrita las que con mayor seguridad confirman la existencia de la intuición. Pero ¿qué es lo que está sucediendo exactamente en la mente del policía para desembocar en esa intuición salvadora?

En el robo que está teniendo lugar en la tienda, lo que el policía percibe como intuición es a menudo una combinación de entrenamiento, percepción subliminal de pistas tales como un coche con el motor en marcha y cuyo conductor muestra signos de impaciencia o la mirada de ansiedad en el rostro del dependiente. Esta habilidad para comprender y valorar una situación es esencial en la intuición.

Cuando usamos el lóbulo temporal derecho, percibimos de forma directa una realidad sin filtrar, proporcionada por los cinco sentidos. La información procedente de esas percepciones alimenta la intuición. No es sorprendente que la mayoría de nuestras acciones y decisiones se basen, no en nuestro lóbulo temporal derecho, el lógico, sino en nuestro sexto sentido. Ésa es la razón por la que hemos aprendido a fiarnos de nuestras intuiciones o a escuchar nuestra voz interior. Estas voces representan la información procedente de la realidad no localizada, a través del lóbulo temporal derecho. La intuición no sólo es el procesado subliminal de la memoria, sino que también incorpora todas las habilidades del lóbulo temporal derecho.

Visión remota, telepatía, precognición, *déjà vu*, telequinesia y comunicaciones post mórtem ocurren con el fin de incrementar nuestro sentido de la empatía y nuestra percepción de lo que nos rodea. El don que supone el poder comunicarnos con los ángeles o con Dios tiene un evidente beneficio en una toma de decisiones basada en la intuición.

Todos hemos usado nuestra intuición y, sin embargo, hasta el día de hoy aún no se ha encontrado una manera de explicar cómo funciona la intuición y qué áreas del cerebro intervienen en el proceso. Hasta ahora se ha venido considerando como algo irracional e inexplicable, similar a las experiencias espirituales o religiosas.

Esto es lo que Richard Gregory, profesor de neuropsicología y director del Laboratorio del Cerebro y la Percepción en Bristol, Inglaterra, tiene que decir acerca de la intuición: «A veces las intuiciones son dignas de crédito y, desde luego, actuamos la mayoría de las veces sin saber cuáles pueden ser nuestras razones. Desde luego, es algo raro exponer un argumento en términos formales, y saltarse los pasos determinados por la lógica. En este sentido, la práctica totalidad de los juicios y comportamientos son intuitivos. El término se usa en filosofía para referirse al supuesto poder de la mente para ver ciertas verdades autoevidentes. El estatus de la intuición ha decaído a lo largo del último siglo, quizá por el énfasis puesto de forma creciente en la lógica formal, los datos explícitos y las aseveraciones de la ciencia».

Precisamente por esta razón los componentes específicos de la intuición son pobremente entendidos, y a menudo despreciados o ignorados. Hemos olvidado lo que es la intuición. Ya no es importante para la vida moderna, o eso es lo que creemos.

El lóbulo sensible

La intuición es la piedra angular de la seguridad personal. Gavin de Becker, el experto en seguridad que hemos mencionado antes, piensa que la intuición es la mejor línea de defensa contra un asalto personal. Dice este autor que «la intuición nos conecta con el mundo natural y con nuestra propia naturaleza. Libre de las ligaduras del juicio, casado sólo con la percepción, nos conduce hasta predicciones de las que más tarde nos maravillaremos».

Puede ser difícil llegar a aceptar la importancia de la intuición, porque normalmente es considerada por los occidentales como algo emocional, irracional o inexplicable. Los maridos a menudo hacen bromas sobre la intuición femenina de sus esposas y no la toman demasiado en serio. Nosotros preferimos lo lógico, lo asentado, lo explicable, el proceso mental no emotivo que culmina en una conclusión que se puede mantener. De hecho, los estadounidenses adoran la lógica, aunque ésta sea errónea, y menosprecian la intuición, aunque ésta sea acertada.

Éste es un tema recurrente a lo largo de nuestro análisis sobre las cualidades del lóbulo temporal derecho. Como muchos de nosotros no creemos que exista una consciencia o Dios fuera de nuestras propias mentes, los mensajes que proceden de los órganos de los sentidos que nos pueden conducir a la percepción de ese Dios, nos parecen sospechosos. Nos sentimos idiotas de creer algo así y pensamos que nos estamos comportando de un modo irracional.

Pero las personas que han pasado por una EPM conocen bien el poder de la intuición. De hecho, una experiencia espiritual tan poderosa como una EPM activa las atrofiadas neuronas de nuestro lóbulo temporal derecho. Tras la experiencia, el lóbulo queda sensibilizado. De pronto, en lugar de recibir datos sensibles procedentes del mundo inmediato y localizado, entra a raudales toda la información procedente de la realidad no localizada. Raymond Moody, psiquiatra e investigador de las EPM, dijo una vez: «Es como si tu aparato de televisión pudiera sintonizar cien canales, y los sintonizara todos a la vez».

Cambiar de canal

La sensibilidad del lóbulo temporal derecho y las propiedades que derivan de él, como la telepatía, la telequinesia, la visión remota y la precognición nos proporcionan información útil sobre nuestro mundo inmediato. Es difícil de creer cuántas de las personas que han pasado por una EPM llegan a convertirse en inventores, estrellas de la música, o productores de cine de éxito, así como otras muchas profesiones creativas.

«La intuición es la capacidad de obtener conocimiento que no puede ser adquirido por deducción u observación, ni por medio de la razón ni la experiencia. La intuición está, pues, considerada como una fuente original e independiente de conocimiento», nos dice la *Encyclopædia Britannica*.

Desde mi punto de vista, la intuición representa la información sensible de la realidad no localizada, mezclada con otras funciones del lóbulo temporal derecho. Éste es, de hecho, el único órgano sensible destinado a la realidad paranormal que tenemos.

Una vez más, acudimos a la *Encyclopædia Britannica*: «La intuición está concebida para adquirir esos tipos de conocimiento que otras fuentes no pueden proporcionarnos».

Algunos antropólogos modernos creen que el hombre primitivo poseía talentos paranormales tales como la precognición, los estados extracorpóreos, la visión remota, los viajes chamánicos, las visiones espirituales y la telepatía, así como un acceso a tipos de conocimiento fuera del alcance de la observación directa. Esto, piensan, supuso una ventaja para la supervivencia. Una característica que todos compartimos es nuestro lóbulo temporal derecho, altamente evolucionado, que nos distingue de los primates inferiores.

Durante la mayor parte de la historia de la humanidad, las funciones del lóbulo temporal derecho fueron las dominantes, mientras que las del izquierdo, tales como el lenguaje y la escritura, eran prácticamente inexistentes. Sabemos que ambos lóbulos evolucionaron al mismo tiempo, hace quizá unos doscientos mil años. Para el hombre preindustrial, las habilidades del lóbulo temporal derecho eran más importantes de lo que son hoy en día. La visión remota les ayudaba a localizar las manadas de animales que cazaban, como aún hoy en día es usada por algunas tribus primitivas.

Pensemos en algunas de las increíbles migraciones del pasado, como la que condujo a los seres humanos desde Liberia hasta Alaska, a través de miles de kilómetros de un estrecho abismo helado, en el que la comida escaseaba. De hecho, una migración tal era algo inimaginable para la ciencia hasta que los estudios de ADN llevados a cabo con la población nativa demostraron que América fue poblada por varias oleadas de pequeñas bandas procedentes de Asia. Una migración tal ¿no habría sido más factible con la ayuda de vínculos telepáticos, visión remota y precognición?

Cambio de lóbulo

¿Cuándo pasaron los seres humanos de ser fundamentalmente criaturas del lóbulo temporal derecho a serlo del izquierdo? Uno de los mejores análisis históricos acerca de esta cuestión lo realizó el doctor Julian Jayne, psicólogo doctorado en la Universidad de Princeton y gran estudioso de la psicología de la consciencia.

Jayne suponía que los seres humanos primitivos carecían de un sentido de consciencia individual. Estaban tan unidos los unos a los otros y al universo que sentían una especie de consciencia compartida, no sólo con el resto de los humanos, sino con la totalidad de las cosas. Jayne definió la consciencia como el «yo» que cada uno tiene y cuya existencia da por hecho.

Los vikingos participaban en cierto grado de ese concepto primitivo de comunidad compartida o «pensamiento grupal». Cada individuo poseía una habilidad particular que empleaba para el beneficio común de toda la sociedad. A menudo se conocía a los individuos por su profesión: el herrero, el panadero, el rey, el siervo, el guerrero, etc. Cada individuo quedaba englobado en una sociedad estructurada y comprendía perfectamente su relación con esa estructura.

La consciencia individual brotó como consecuencia de una disfunción en el cerebro humano. El hombre moderno, a pesar de todos sus logros, padece un desequilibrio cerebral. Jayne ha demostrado que el origen de la consciencia humana es un desequilibrio en la integración de los lóbulos derecho e izquierdo. Todo esto lo explica en su libro *Los orígenes de la consciencia en el desequilibrio de la mente bicameral*. La mente bicameral es la mente que tuvieron los humanos durante los primeros 195 000 años de su existencia. Desde los últimos 5 000 hemos venido sufriendo una pérdida de comunicación entre los dos lados del cerebro, permitiendo que se produjera un dominio del lóbulo izquierdo y la atrofia relativa del derecho.

Cuando nos imaginamos formando parte de una mente comunitaria, lo que nos viene a la cabeza son imágenes de cultos extraños o de lavados de cerebro. Esto nos ocurre porque estamos dominados por el concepto de consciencia individual y hemos despreciado, al menos de forma consciente, nuestras conexiones con los demás y con lo divino. Las personas sienten la necesidad de tener un fuerte sentido de la consciencia individual. Si no la tienen, sienten que no les irá bien en nuestra sociedad. Pensamos que los niños que no desarrollen un fuerte sentido del «yo», por ejemplo, pueden ver sus necesidades ignoradas.

Pero ese tipo de situaciones no solían ocurrir en las sociedades antiguas. Los individuos tenían unos derechos y unas obligaciones específicos, adecuados a sus situaciones. No tenían que aprender a afirmarse a sí mismos. Aún podemos ver algunos vestigios de estas maneras de pensar en pequeños núcleos o áreas aisladas de nuestra cultura occidental.

Energía curativa

Tres ejemplos de esto nos han sido trasmitidos por Diane Graig, una enfermera que ha formado parte del personal de la Universidad de Washington durante diez años. Durante sus prácticas pasó mucho tiempo en zonas rurales y aisladas en los Apalaches, Perú y una reserva *shoshone* en Wyoming. En los Apalaches tuvo la oportunidad de trabajar con el doctor Little, médico de una pequeña comunidad en medio de las montañas, con un chamán en Perú y con sanadores nativos en Wyoming.

Un elemento que los tres tenían en común era que contaban con la absoluta e indiscutida confianza de sus pacientes. En estas comunidades sólo existía un sanador, y todo el mundo sabía que sólo había una manera de recuperar la salud: hacer lo que él les dijera.

Craig, una enfermera racionalista de formación occidental, reconoce sin dejar lugar a dudas que los tres usaban la energía del universo, que canalizaban hacia sus pacientes. Desde luego, no está satisfecha de tener que usar esa explicación. Ella, como la mayoría de los profesionales de la salud de nuestro mundo, cree que hablar de «energías» no es científico. Y, sin embargo, esto hace su testimonio aún más valioso.

En los Apalaches tuvo la ocasión de ver a una paciente anciana, diabética, con una gangrena en el pie bastante avanzada. El doctor Little le dijo que debían darse prisa y trabajar toda la noche si querían salvar el pie de la mujer. Diane, que había visto gangrenas de ese tipo en otras ocasiones, sabía que llegado a ese punto, la única solución era la amputación. Por tanto, pensó que cualquier otra cosa que hicieran sería una pérdida de tiempo. Sin embargo, el doctor le ordenó salir al jardín y recoger una hierba que él denominó «malva de los pantanos». Con la hierba hicieron un emplasto que él aplicó directamente sobre el pie. A la mañana siguiente, el pie había recuperado su color normal y la gangrena había desaparecido. Diane describe al doctor Little como «un hombre cuya palabra es el Evangelio». Dijera lo que dijera, era inmediatamente creído por la gente. Se trata de un hombre modesto, sin ninguna pretensión, y extremadamente humanitario. Ella cree que algún tipo de energía fluía desde su cuerpo hasta el de los pacientes, y afirma haber percibido esto en más de una ocasión.

En Perú, a Diane le fue asignada la tarea de enseñar nutrición y cuidados prenatales. Al cabo de unos meses, se dio cuenta de que la población local no la respetaba y no se mostraba demasiado dispuesta a trabajar con ella. Decidió entonces recurrir a los ancianos de la tribu, en especial al chamán, y trabajar con él. Una vez que hubo ganado su confianza y su respeto, la enseñanza de nutrición y cuidados prenatales tuvo un éxito mucho mayor. El chamán tenía una personalidad extravagante, y estaba más interesado en obtener dinero, poder y respeto que en cualquier otra cosa. Usaba rituales religiosos y, en ocasiones, lanzaba un maleficio contra alguien, cuya salud se deterioraba inmediatamente. Aunque su personalidad y sus métodos diferían de los del doctor Little, los resultados de su actividad eran muy similares.

En una ocasión Diane pudo ser testigo de un caso en el que un niño, con una evidente infección de oído que drenaba pus, fue llevado al chamán. Éste enrolló algunas hierbas y lo que parecía ser pólvora, haciendo una bola con todo. Tomó un trozo de papel, hizo una especie de embudo y colocó un extremo en el oído del niño. Puso la mezcla en el embudo y le prendió fuego. Cuando el fuego alcanzó la pólvora, se produjo una explosión. Arrojó el embudo y declaró que el niño estaba curado. Craig pudo comprobar que, a lo largo de las horas siguientes, el drenaje de pus y la infección fueron desapareciendo.

Los sanadores nativos de la comunidad *shoshone* actuaban de forma algo distinta. Ellos se basaban sobre todo en experiencias fuera del cuerpo inducidas por el uso de estimulantes del lóbulo temporal derecho, como el peyote. Durante estos trances, eran capaces de concentrarse y canalizar las energías curativas. Diane pudo comprobar cómo pacientes infartados eran tratados así, con éxito.

Las experiencias de esta enfermera ilustran de forma precisa la verdadera naturaleza del lóbulo temporal derecho. Lo importante es el concepto del sanador como un miembro respetado de la sociedad, y el hecho de que todo el mundo en esas sociedades está de acuerdo en cuál es la función desempeñada por esa persona.

Energías específicas

La forma en la que cada sanador actúa depende, por un lado, de su personalidad particular, y por otro, de la cultura a la que pertenezca. El doctor Little usa hierbas y emplastos, el chamán, trucos mágicos, y los indios norteamericanos, peyote y trances. Pese a la disparidad de sus métodos, todos obtienen los mismos resultados. El elemento común es que todos creen que hay una transmisión de energía desde el sanador hasta el paciente. Este tipo de sanación sólo puede funcionar cuando todo el mundo está conectado con el mismo modelo del universo.

Lo que tienen en común estos remedios es que cada uno es usado en un contexto particular, en el que existe una total confianza en que ese remedio funciona. Si el doctor Little usara peyote o truco con pólvora para sus curaciones, seguramente el índice de éxitos no sería tan elevado. Si un médico occidental de formación universitaria intentara usar un emplasto de hierbas para curar la gangrena, seguramente no lo lograría. Examinar qué es lo que cura en cada caso nos proporciona información acerca de la relación entre la consciencia individual y la consciencia colectiva. Todos compartimos una percepción recibida culturalmente que define lo que es la curación y cómo funciona. Esta percepción compartida es comunicada telepáticamente a través de nuestro lóbulo temporal derecho.

Llegados a este punto, Diane es muy clara. Ella mantiene que no fue el hecho de que los pacientes creyeran en los remedios lo que los curó, sino un tipo de interacción con los pacientes, de naturaleza energética o espiritual. El doctor Little tenía una habilidad natural y no necesitaba rituales o adornos, mientras que el chamán y los sanadores *shoshone* usaban una serie de técnicas, no para inducir un estado de creencia, sino para provocar un estado de consciencia dentro de ellos mismos que permitió que sus energías curativas fluyeran.

El cerebro en evolución

El reto ahora consiste en reproducir los efectos que tienen lugar en los casos de místicos, sanadores y niños que han pasado por una EPM, es decir, aprender a integrar los lados racional y espiritual de nuestros cerebros. Dependemos demasiado de informaciones de tipo pragmático para tomar decisiones en nuestras vidas. Se piensa que una decisión es inferior si no está basada en criterios de tipo «científico». No sólo ignoramos las voces espirituales o intuitivas que oímos en el interior de nuestra cabeza, sino que las criticamos y las rechazamos como si fuesen locuras.

En resumen, actuamos como personas con dos cabezas, discutiendo con nosotros mismos cuando, en esencia, es lo que somos. Después de todo, tenemos dos hemisferios completamente separados, conectados por gruesos racimos de neuronas.

Los dos lados del cerebro no operan de forma independiente. Ambos lóbulos temporales tienen su propia forma de comunicarse entre sí a través de grandes racimos de células nerviosas llamadas «comisura anterior». En palabras del doctor Jaynes: «En el hombre hay una banda de fibras que proceden del lóbulo temporal izquierdo [...], conectadas al lóbulo temporal derecho. Éste, creo, es el estrecho puente por el que cruzan las directrices que han creado nuestras civilizaciones y fundado las religiones del mundo, el lugar en el que los dioses hablaron a los hombres, y fueron obedecidos».

Todo el equipo necesario

Disponemos de toda la neuroanatomía necesaria para percibir lo divino. Nuestra dependencia del «mundo racional» proviene del hecho de que el hombre moderno no está usando el lóbulo temporal derecho.

Hace unos cinco mil años, la mayoría de los seres humanos dejaron de oír la voz de Dios, y sólo se reconoció esta habilidad en algunos seres. Así nació la religión. Esa situación fue evolucionando hasta llegar a la actual, donde se cree que sólo los hombres de la Antigüedad oían la voz de Dios. Hoy en día, las personas que dicen oírla son tomadas por locas. A base de no usar nuestro lóbulo temporal derecho, hemos cortado el canal de comunicación con una de las mayores fuentes de información a las que tenemos acceso: la realidad no localizada o, en términos espirituales, la gracia de Dios.

Cada vez más gente está empezando a darse cuenta de esto y se ha despertado un intenso interés por las experiencias de naturaleza espiritual, como las EPM. Las EPM son una puerta de acceso a la comprensión de los secretos del universo. Gracias a ellas, nos estamos dando cuenta de que todo el mundo tiene la habilidad de conectarse con un universo divino, así como que no tenemos que esperar a morir para conectarnos con este universo, sino que podemos hacerlo en cualquier momento de nuestras vidas.

La conexión con el universo es mi reto personal. No quiero esperar a mi muerte para poder oír la voz de Dios.

El manual del usuario del cerebro

Comencé mi investigación escuchando los testimonios de los niños acerca de sus EPM, y descubrí gracias a ellos que todos tenemos acceso a ese potencial espiritual no usado que puede transformar nuestras vidas. Permaneciendo abierto al mundo que nos rodea y a las intuiciones que proceden de nuestro interior, podemos ir más allá de los cinco sentidos y alcanzar una consciencia humana expandida, el sexto sentido. Una vez que esto ha ocurrido, nuestra perspectiva de la vida cambia, como cambia la vida de un ciego cuando recupera el sentido de la vista. Esta «visión repentina» a menudo precipita un estado de emergencia espiritual. Intuiciones y percepciones que hasta entonces habíamos menospreciado, de pronto adquieren un papel fundamental en nuestra vida diaria.

Cuando hablo de intuición, me estoy refiriendo nada menos que a la habilidad para comunicarse directamente con Dios, aportando espiritualidad y sentido a nuestras vidas. Esto significa, por supuesto, la habilidad para aprender a usar todo nuestro cerebro, algo que no hemos hecho nunca en toda la historia de la humanidad.

Los primeros humanos estaban demasiado dominados por el lóbulo temporal derecho. Las personas no expresaban sus propias personalidades del modo en que lo hacemos hoy, y la sociedad dominaba a los individuos. La tendencia cambió, y fue el lóbulo izquierdo el que pasó a ser el dominante. Ahora somos demasiado individualistas, y muchos de nuestros problemas sociales proceden de haber puesto excesivo énfasis en el individuo.

Las EPM son una llamada de atención que nos recuerda que somos seres únicos interconectados espiritualmente. Trabaja en tu sensibilidad espiritual, pero sé paciente. Aunque nuestros cerebros hace ya más de 200 000 años que comenzaron a evolucionar, no vienen con un manual de instrucciones para el usuario. Sólo estamos empezando a aprender a usarlos.

Bibliografía

Esta bibliografía apenas representa la mitad de los libros y artículos que tuve que leer mientras preparaba este libro. No pretendo que incluya todo; pretendo que sea más bien un punto de partida para futuras investigaciones. Mi boletín, *Transformations*, es un sumario mensual en el que se incluyen testimonios de niños, investigaciones de vanguardia y perspectivas de los campos más diversos, desde estudios sobre los aborígenes australianos, hasta investigaciones sobre el fenómeno ovni. Uno puede suscribirse a través de mi web, Melvinmorse.com, o escribiendo a: Transformations, 3208 Sixth Ave., Tacoma, WA 98406.

Este libro expone una nueva teoría científica que fue presentada a la comunidad médica y científica durante la Conferencia Internacional sobre la Consciencia en Tokio, y posteriormente en la revista *Network*, en diciembre de 1998. En mi web pueden encontrarse copias del artículo y referencias.

REFERENCIAS CIENTÍFICAS Y MÉDICAS

Libros

ADER, R., FELTEN, D. y COHEN, N. (ed.): *Psychoneuroimmunology*, Academic Press, San Diego, 1991, 2ª ed.

ANDREASEN, N.: *The Broken Brain: The Biological Revolution in Psychiatry*, Perennial, Nueva York, 1984.

BECKER, R.: *Cross Currents: The Perils of Electropollution, the Promise of Electromedicine*, Jeremy P. Tarcher, Los Ángeles, 1990.

BECKER, R. y SELDEN G.: *The Body Electric: Electromagnetism and the Foundation of Life*, William Morrow, Nueva York, 1985.

BURKE, J.: *The Day the Universe Changed*, Little, Brown, Boston, 1985.

CALVIN, W.: *The Ascent of Mind: Ice Age Climates and the Evolution of Intelligence*, Bantam Books, Nueva York, 1990.

CHANGEUX, J.-P.: *Neuronal Man: The Biology of Mind*, Oxford University Press, Nueva York, 1985. (*El hombre neuronal*, Espasa Calpe, Madrid, 1986.)

DUVE, C. de.: *Vital Dust: Life as a Cosmic Imperative*, Basic Books, Nueva York, 1995.

ECCLES, J.: *Evolution of the Brain: Creation of the Self*, Routledge, Nueva York, 1989.

FRANKLIN, J.: *Molecules of the Mind: The Brave New Science of Molecular Psychology*, Laurel, Nueva York, 1987.

GARDENER, H.: *The Mind's New Science: A History of the Cognitive Revolution*, Basic Books, Nueva York, 1985.

GLEICK, J.: *Chaos: Making a New Science*, Penguin Books, Nueva York, 1987. (*Caos: la creación de una nueva ciencia*, Seix Barral, Barcelona, 1998.)

HOBSON, J. A.: *The Dreaming Brain*, Basic Books, Nueva York, 1988.

HOOPER, I. y TERESI, D.: *The Three-Pound Universe: The Brain, from the Chemistry of the Mind to the New Frontiers of the Soul*, Dell Publishing, Nueva York, 1986. (*El universo del cerebro*, Círculo de Lectores, Barcelona, 1989.)

JAYNES, J.: *The Origins of Consciousness in the Breakdown of the Bicameral Mind*, Houghton Mifflin, Boston, 1976.

JUNG, C.: *Memories, Dreams, Reflections*, Vintage Books, Nueva York, 1961. (*Recuerdos, sueños y pensamientos*, Seix Barral, Barcelona, 1996.)

KAKU, M.: *Hyperspace*, Anchor Books, Nueva York, 1994. (*Hiperespacio: una odisea científica a través de universos paralelos, distorsiones del tiempo y la décima dimensión*, Editorial Crítica, Barcelona, 1996.)

KOSSLYN, S. M. y KOENIG O.: *Wet Mind: The New Cognitive Neuroscience*, The Free Press, Nueva York, 1992.

MICHAEL, M., BOYCE, W. T. y WILCOX, A.: *Biomedical Bestiary*, Little, Brown, Boston, 1984.

MOODY, R.: *Life after Life*, Bantam Books, Nueva York, 1988, 4ª ed. (*Vida después de la vida*, Edaf, Madrid, 1984.)

NEPPE, V. M.: *Cry the Beloved Mind: A Voyage of Hope*, Peanut Butter Publishing, Seattle, 1999.

PENFIELD, W. y RASMUSSEN, T.: *The Cerebral Cortex of Man: A Clinical Study of Localization of Function*, Macmillan, Nueva York, 1950.

PERSINGER, M.: *Neuropsychological Bases of God Beliefs*, Praeger Publishers, Nueva York, 1987.

PLUM, F. P. y POSNER, J. B.: *The Diagnosis of Stupor and Coma*, Contemporary Neurology Series, F. A. Davis Co, Philadelphia, 1972, 2ª ed.

REISER, M.: *Mind, Brain, Body: Toward a Convergence of Psychoanalysis and Neurobiology*, Basic Books, Nueva York, 1984.

RESTAK, R.: *The Brain: The Last Frontier*, Warner Books, Nueva York, 1979.

_____*The Brain*, Bantam Books, Nueva York, 1984.

_____*The Mind*, Bantam Books, Nueva York, 1988.

SHELDRAKE, R.: *A New Science of Life*, Park Street Press, Rochester, VT, 1987. (*Una nueva ciencia de la vida: la hipótesis de la causación formativa*, Kairós, Barcelona, 1990.)

TAYLOR, G.: *The Natural History of the Mind*, Penguin, Nueva York, 1979.

WINSON, J.: *Brain and Psyche: The Biology of the Unconscious*, Vintage Books, Nueva York, 1985. (*Cerebro y psique*, Salvat, Barcelona, 1994.)

Artículos

BOHM, D. y HILEY, B.: «The Causal Interpretation of Quantum Theory», en *Science, Order and Creativity*, por Bohm, D. y Peat, F. D., Bantam Books, Nueva York, 1987.

CARR, D.: «Pathophysiology of Stress-induced Limbic Lobe Dysfunction: Hypothesis for NDEs», en *Anabiosis: The Journal of Near-death Studies*, 1982, vol. 2, pp. 75-90.

Cushing, H. W.: *Brain* 44, 1921-1922, pp. 341-344.

———— *Transactions of the American Neorologic Association*, 1921, pp. 74-75.

Devinsky, O., Feldman, E. y Burrowes, K.: «Autoscopic Phenomena with Seizures», en *Archives of Neurology*, 1989, vol. 46, pp. 1080-1088.

Dewhurst, K. y Beard, A. W.: «Sudden Religious Conversions in Temporal Lobe Epilepsy», en *British Journal of Psychiatry*, 1970, vol. 117, pp. 497-507.

Gloor, P., Olivier, A., Quesney, L. F. *et al.*: «The Role of the Limbic System in Experimental Phenomena of Temporal Lobe Epilepsy», en *Annals of Neurology*, 1982, vol. 23, pp. 129-144.

Halgren, E., Walter, R. D., Cherlow, D. G. *et al.*: «Mental Phenomena Evoked by Electrical Stimulation of the Human Hippocampal Formation and Amygdala», en *Brain*, 1978, vol. 101, pp. 83-117.

Hameroff, S. R.: «Fundamentality: Is the Conscious Mind Subtly Linked to a Basic Level of the Universe», en *Trends in Cognitive Sciences 2*, 1998, vol. 4, pp. 119-127.

————«Quantum Computing in Microtubules: An Intraneural Correlate of Consciousness?», en *Cognitive Studies* (Bulletin of the Japanese Cognitive Science Society) 4, 1998, vol. 3, pp. 67-92.

Harroldsson, E. y Gissurarson, L. R.: «Does Geomagnetic Activity Affect Extrasensory Perception?», en *Personality and Individual Differences*, 1987, vol. 8, 745-747.

Hennsley, J. A., Christenson, P. J., Hardoin, R. A. *et al.*: «Premonitions of Sudden Infant Death Syndrome: A Retrospective Case Control Study», en *Pediatr Pulmonol*, 1993, vol. 16, p. 393.

Horrax, G.: «Visual Hallucinations as a Cerebral Localizing Phenomenon: With Especial Reference to Their Occurrence in Tumors of the Temporal Lobes», en *Archives of Neurology and Psychiatry*, 1923, vol. 10, pp. 532-547.

Jackson, J. H. y Beevor, C. G.: «Localizing Aspects of Temporal Lobe Tumors», en *Brain*, 1889-1890, vol. 12, pp. 346-348.

Jansen, K.: «Neuroscience, Ketamine, and the Near-death Experience», en *The Near-death Reader*, ed. por L. W. Bailey y J. Yates, Routledge, Nueva York, 1996.

Kelleher, C.: «Retrotranspons as Engines of Human Bodily Transformation», en *Journal of Scientific Exploration* (en preparación).

Kennedy: *Arch Int Med*, 1911, vol. 8, p. 317.

MAKAREC, K. y PERSINGER, M. A.: «Electroencephalographic Validation of a Temporal Lobe Signs Inventory in a Normal Population», en *Journal of Research in Personality*, 1990, vol. 24, pp. 323-337.

MÉNDEZ, M. P., ENGEBRIT, B. y DOSS, R.: «The Relationship of Epileptic, Auras and Psychological Attributes», en *Journal of Neuropsychiatry and Clinical Neurosciences*, 1996, vol. 8, pp. 287-292.

MORGAN, H.: «Dostoyevsky's Epilepsy: A Case Report and Comparison», en *Surg Neurol*, 1990, vol. 33, pp. 413-416.

MORSE, M. L.: «Near-death Experiences and Death-related Visions: Implications for the Clinician», en *Current Problems in Pediatrics*, febrero 1994, pp. 55-83.

MORSE, M. L., CASTILLO, P. y VENECIA, D.: «Childhood Near-death Experiences», en *American Journal of Diseases of Children*, 1986, vol. 140, pp. 110-114.

MORSE, M. L. y NEPPE, V. M.: «Near-death Experiences», carta en *Lawcet*, 1991, vol. 337, p. 86.

MORSE, M. L., VENECIA, D., y MILSTEIN, J.: «Near-death Experiences: A Neurophysiological Explanatory Model», en *Journal of Near-death Studies*, 1989, vol. 8, n.° 1, pp. 45-53.

MULLIN, S., y PENFIELD, W.: «Illusions of Comparative Interpretation and Emotion», en *Archives of Neurology and Psychology*, 1959, vol. 81, pp. 269-285.

PALMINI, A. y GLOOR, P.: «The Localizing Value of Auras in Partial Seizures», en *Neurology*, 1992, vol. 42, pp. 801-806.

PENFIELD, W.: «Functional Localization in Temporal and Deep Sylvian Areas», en *Research Publications*, ed. por H. C. Solomon, S. Cobb, y W. Penfield, Nueva York Association for Research in Nervous and Mental Disease, Nueva York, 1954, vol. 35.

_____«The Role of the Temporal Cortex in Certain Psychical Phenomena», en *Journal of Mental Science*, 1955, vol. 101, pp. 451-465.

PERSINGER, M. A. y MAKAREC, K.: «Complex Partial Epileptic Signs as a Continuum from Normal to Epileptics: Normative Data and Clinical Populations», en *Journal of Clinical Psychology*, 1993, vol. 49, pp. 33-45.

SAVER, J. L. y RABIN, J.: «The Neural Substrates of Religious Experience», en *Journal of Neuropsychiatry*, 1997, vol. 9, pp. 498-510.

SCHENK, L. y BEAR, D.: «Multiple Personality and Related Dissociative Phenomena in Patients with Temporal Lobe Epilepsy», en *American Journal of Psychiatry*, 1981, vol. 138, pp. 1311-1316.

VAN BUREN, J. M.: «Sensory, Motor and Autonomic Effects of Mesial
Temporal Stimulation in Man», en *Journal of Neurosurgery*, 1961,
vol. 18, pp. 273-288.

WHINNERY, J. E.: «Methods for Describing and Quantifying +Gz-indu-
ced Loss of Consciousness», en *Aviation, Space and Environmental
Medicine*, 1989, vol. 60, pp. 798-802.

_____«Observations on the Neurophysiological Theory of Accele-
ration-induced Loss of Consciousness», en *Aviation, Space and
Environmental Medicine*, 1989, vol. 60, pp. 589-593.

WHINNERY, J. E. y WHINNERY, A. M.: «Acceleration-induced Loss of Consciousness», en *Archives of Neurology*, 1990, vol. 47, pp. 764-776.

WILLIAMS, D.: «The Structure of Emotions Reflecting in Epileptic Experiences», en *Brain*, 1956, vol. 79, pp. 29-67.

Referencias sobre visiones relacionadas con la muerte, incluyendo premoniciones, experiencias próximas a la muerte y comunicaciones post
mórtem.

Libros

BAILEY, L., y YATES, J.: *The Near-Death Experience: A Reader*, Routledge,
Nueva York, 1996.

BARRET, W.: *Deathbed Vision: The Psychical Experiences of the Dying*, The
Aquarian Press, Wellingborough, Northhamptonshire, England,
1986. (*Visiones en el momento de la muerte*, Editora Amelia Boudet
de Slide, Barcelona, 1992.)

BLACKMORE, S.: *Dying to Live: Near-Death Experiences*, Prometheus Books,
Nueva York, 1993.

CRESSY, J.: *The Near-Death Experience: Mysticism or Madness?*, The Christopher Publishing House, Hanover, Mass., 1994.

FENWICK, R. y FENWICK, E.: *The Truth in the Light: An Investigation of Over 300
Near-Death Experiences*, Headline Book Publishing, London, 1995.

FRANZ, M.-L. VON: *On Dreams and Death*, Shambhala, Boston, 1984. (*Sobre los sueños y la muerte: una interpretación junguiana*, Kairós, Barcelona, 1992.)

HOFFMAN, E.: *Visions of Innocence: Spiritual and Inspirational Experience of
Childhood*, Shambhala, Boston, 1992.

HORCHLER, J., y MORRIS, R.: *The SIDS Survival Guide*, SIDS Educational
Services, Hyattsville, Md., 1994.

IVERSON, J.: *In Search of the Dead: A Scientific Investigation of Evidence for Life After Death*, Harper San Francisco, Nueva York, 1992.

KIRCHER, P.: *Love Is the Link*, Larson Publications, Arlington, Va., 1995.

KOMP, D. M.: *A Window to Heaven: When Children See Life in Death*, Zondervan, Grand Rapids, Mich., 1992.

LAGRAND, L.: *After-Death Communication: Final Farewells*, Llewellyn Publications, St. Paul, MN, 1997.

LEE, J.: *Death and Beyond in the Eastern Perspective*, An Interface Book, Gordon and Breach, Nueva York, 1974.

LUNDAHL, C.: *A Collection of Near-Death Research Readings*, Nelson-Hall Inc., Chicago, 1982.

MARTIN, I. y ROMANOWSKI, P.: *Our Children Forever: George Anderson's Messages from Children on the Other Side*, Berkley Publishing Group, Nueva York, 1994.

_____*We Are Not Forgotten: George Anderson's Messages of Love and Hope from the Other Side*, G. P. Putnam's Sons, Nueva York, 1991.

MOODY, R.: *Life after Death*, Bantam Books, Nueva York, 1975.

MOODY, R. y PERRY, P.: *Closer to the Light: Learning from the Near Death Experiences of Children*, Villard Books, Nueva York, 1990.

_____*Parting Visions*, Harper Paperbacks, Nueva York, 1994.

_____*Reunions: Visionary Encounters with Departed Love Ones*, Villard Books, Nueva York, 1993. (*Reencuentros*, Edaf, Madrid, 1994.)

_____*Transformed by the Light*, Ivy Books, Nueva York, 1992.

NEGOVSKY, V. A.: *Resuscitation and Artificial Hypothermia*, Nueva York Consultants Bureau, Nueva York, 1962.

OSIS, K., y HARRALDSSON, E.: *At the Hour of Death*, Avon, Nueva York, 1977. (*Lo que vieron a la hora de la muerte*, Planeta, Barcelona, 2003.)

RAWLINGS, M.: *Before Death Comes*, Thomas Nelson, Nashville, 1980.

_____*Beyond Death's Door*, Thomas Nelson, Nashville, 1978.

_____*To Hell and Back: Life After Death-Startling New Evidence*, Thomas Nelson, Nashville, 1993.

RING, K.: *Heading Toward Omega: In Search of the Meaning of the Near-Death Experience*, William Morrow, Nueva York, 1984. (*El proyecto Omega: experiencias cercanas a la muerte, encuentros con ovnis y la mente planetaria*, J. C. Ediciones, Madrid, 1995.)

_____*Life at Death: A Scientific Investigation*, Quill, Nueva York, 1982.

RING, K. y COOPER, S.: *MindSight: Near-Death and Out-of-Body Experiences in the Blind*, William James Center for Consciousness Studies Institute of Transpersonal Psychology, Palo Alto, Calif., 1999.

RING, K., y E. VALARINO.: *Lessons from the Light: What We Can Learn from the Near-Death Experience*, Plenum Press, Nueva York, 1998.

RITCHIE, G.: *My Life After Dying: Becoming Alive to Universal Love*, Hampton Roads Publishing, Charlottesville, Va., 1991.

SABOM, M.: *Light and Death*, Zondervan Grand Rapids, Mich., 1998.

VALARINO, E.: *On the Other Side of Life*, Plenum Press, Nueva York, 1997. (*Al otro lado de la vida, explorando el fenómeno de la experiencia ante la cercanía de la muerte*, Ediciones Internacionales Universitarias, Madrid, 2000.)

WOODS, K.: *Visions of the Bereaved: Hallucination or Reality?*, Sterling House, Pittsburgh, 1998.

ZALESKI, C.: *Otherworld Journeys: Accounts of Near-Death Experience in Medieval and Modern Times*, Oxford University Press, Nueva York, 1987.

Artículos

ALVARADO, C.: «The Psychological Approach to Out-of-body Experiences: A Review of Early and Modern Developments», en *Journal of Psychology*, 1992, vol. 126, pp. 237-250.

APPLEBY, L.: «Near-Death Experience: Analogous to Other Stress-induced Psychological Phenomena», en *British Journal of Medicine*, 1989, vol. 298, pp. 976-977.

AUDETTE, J. R.: «Historical Perspectives on Near-Death Experiences and Episodes», en *A Collection of Near-Death Readings*, ed. C. R. Lundahl Nelson Hall, Chicago, 1982.

HARBATO, M., BLUNDEN, C., REID, K. *et al.*: «Parapsychological Phenomenon Near the Time of Death», en *Journal of Palliative Care*, vol. 15, n.º 2, 1999, pp. 30-37.

BARRETT, E. A. M., DOYLE, M. B, MALINSKI, V. M. *et al.*: «The Relationship Among the Experience of Dying, the Experience of Paranormal Events, and Creativity in Adults», en *Visions of Roger's Science-based Nursing*, ed. E. A. M. Barrett, National League for Nursing Publication, Nueva York, 1990, vol. 15-2285.

BATES, B. C., y STANLEY, A.: «The Epidemiology and Differential Diagnosis of Near-Death Experience», en *American Journal of Orthopsychiatry*, 1985, vol. 55, pp. 542-549.

Becker, C. B.: «The Pure Land Revisited: Sino-Japanese Meditations and Near-Death Experiences of the Next World», en *Anabiosis: The Journal of Near-Death Studies*, 1984, vol. 4, pp. 51-68.

Blackmore, S.: «Out-of-body Experiences in Schizophrenia», en *Journal of Nervous and Mental Disease*, 1986, vol. 174, pp. 615-619.

_____«Visions from the Dying Brain», en *New Scientist*, 1988, (5 mayo), pp. 43-46.

Burch, G. E., DePasquale, N. O. y Phillips, J. H.: «What Death Is Like», en *American Heart Journal*, 1968, vol. 76, pp. 1438-1439.

Carr, C.: «Death and Near-death: A Comparison of Tibetan and Euro-American Experiences», en *Journal of Transpersonal Psychology*, 1993, vol. 25, pp. 59-110.

Comer, N. L., Madow, L. y Dixon, J. J.: «Observations of Sensory Deprivation in a Life-threatening Situation», en *American Journal of Psychiatry*, 1967, vol. 124, pp. 164-170.

Druss, R. G. y Kornfield, D. S.: «The Survivors of Cardiac Arrest: A Psychiatric Study», en *Journal of the American Medical Association*, 1967, vol. 201, pp. 291-296.

Greyson, B.: «The Near-Death Experience Scale: Construction, Reliability and Validity», en *Journal of Nervous and Mental Disease*, 1983, vol. 171, pp. 369-375.

Greyson, B., y Bush, N. E.: «Distressing Near-Death Experiences», en *Psychiatry*, 1992, vol. 55, pp. 95-110.

Greyson, B. y Stevenson, I.: «Near-Death Experiences», en *Journal of the American Medical Association*, 1979, 242, pp. 265-267.

_____«The Phenomenology of Near-Death Experiences», en *American Journal of Psychiatry*, 1980, vol. 137, pp. 1193-1195.

Grimby, A.: «Bereavement Among Elderly People: Grief Reactions, Post-bereavement Hallucinations and Quality of Life», en *Acta Psychiatric Scandinavia*, 1993, vol. 87, pp. 72-80.

Gruen, A.: «Relationship of Sudden Infant Death and Parental Unconscious Conflicts», en *Pre and Perinatal Psychology Journal*, 1982, vol. 2, pp. 50-56.

Hackett, T. P.: «The Lazarus Complex Revisited», en *Annals of Internal Medicine*, 1972, vol. 76, pp. 135-137.

Hallowell, I.: «Spirits of the Dead in Saulteaux Life and Thought», en *Journal of the Royal Anthropological Institute*, 1940, vol. 70, pp. 29-51.

HARALDSSON, E.: «Survey of Claimed Encounters with the Dead», en *Omega*, 1988-1989, vol. 19, pp. 103-113.

HEIM, A.: «Notizen über den Tod durch Absturz», en *Jahrbuch des Schweizer Alpenclubs*, 1892, vol. 27, pp. 327-337. Traducido por R. Noyes y R. Kletti, «The Experience of Dying from Falls», en *Omega*, 1972, pp. 45-52.

HENNSLEY, J. A., CHRISTENSON, P. J., HARDOIN, R. A., *et al.*: «Premonitions of Sudden Infant Death Syndrome: A Retrospective Case Control Study» (resumen de un trabajo presentado en el National SIDS Alliance Meeting, Pittsburgh, octubre 1993), en *Pediatric Pulmonology*, 1993, vol. 16, p. 393.

HERTZOG, D. B. y HERRIN, J. T.: «Near-Death Experiences in the Very Young», en *Critical Care Medicine*, 1985, vol. 13, pp. 1074-1075.

HUNTER, R. C. A.: «On the Experience of Nearly Dying», en *American Journal of Psychiatry*, 1967, vol. 124, pp. 122-123.

JANSEN, K. R.: «The Near-Death, Experience», carta en *Lancet*, 1988, vol. 153, pp. 883-884.

JUDSON, I. R.A. y WILTSHAW, E.: «A Near-Death Experience», en *Lancet*, 1983, vol. 2, pp. 561-562.

KALISH, R. A.: «Experiences of Persons Reprieved from Death», en *Death and Bereavement*, ed. A. H. Kitscher, Charles C. Thomas, Springfield, Ill., 1969.

KALISH, R. A. y REYNOLDS, D. K.: «Phenomenological Reality and Post-death Contact», en *Journal of Science and Study of Religion*, 1973, pp. 209-221.

KROSS, J. y BACHRACH, B.: «Visions and Psychopathology in the Middle Ages», en *Journal of Nervous and Mental Diseases*, 1982, vol. 170, pp. 41-49.

LEVIN, C. y CURLEY, M.: «Near-Death Experiences in Children» (trabajo presentado en Perspective on Change: Forces Shaping Practice for the Clinical Nurse Specialist, Boston Children's Hospital, 11 octubre, 1990.

MACMILLAN, R. L. y BROWN, K. W. G.: «Cardiac Arrest Remembered», en *Canadian Medical Association Journal*, 1971, vol. 104, pp. 889-890.

MATCHETT, W. F.: «Repeated Hallucinatory Experiences as Part of the Mourning Process Among Hopi Indian Women», en *Psychiatry*, 1972, vol. 35, pp. 185-194.

MORSE, M. L.: «A Near-Death Experience in a 7-year-old Child», en *American Journal of Diseases of Children*, 1983, vol. 137, pp. 959-961.

MORSE, M. L., CASTILLO, P. y VENECIA, D.: «Childhood Near-Death Experiences», en *Am J Dis Child*, 1986, vol. 140, pp. 110-114.

MORSE, M. L. y NEPPE, V. M.: «Near-Death Experiences», carta en *Lancet*, 1991, vol. 337, p. 386.

NEGOVSKY, V. A.: «Reanimatology Today», en *Critical Care Medicine*, 1982, vol. 10, pp. 130-133.

NOYES, R.: «Near-Death Experiences: Their Interpretation and Significance», en *Between Life and Death*, ed. R. Kastenbaum, Springer Publishing, Nueva York, 1979.

NOYES, R., HOENK, P. R., KUPERMAN, S. *et al.*: «Depersonalization in Accident Victims and Psychiatric Patients», en *Journal of Nervous and Mental Disease*, 1977, vol. 164, pp. 401-407.

NOYES, R. y KLETTI, R.: «Depersonalization in the Face of Life-threatening Danger: A Description», en *Psychiatry*, 1976, vol. 39, pp. 19-27.

OLSON, M.: «The Out-of-Body Experience and Other States of Consciousness», en *Archives of Psychiatric Nursing*, 1987, vol. 1, pp. 201-207.

OWENS, J. E. E., COOK, W., y STEVENSON, I., «Features of Near-Death Experience in Relation to Whether or Not Patients Were Near-Death», en *Lancet*,1990, vol. 336, pp. 1175-1777.

REES, W. D.: «The Hallucinations of Widowhood», en *British Journal of Medicine*, 1971, vol. 4, pp. 37-41.

ROBERTS, G. y OWEN, J.: «The Near-Death Experience», en *British Journal of Psychiatry*, 1988, vol. 153, pp. 607-617.

SABOM, M. B. y KREUTIGER, S. A.: «Physicians Evaluate the Near-Death Experience», en *Journal of the Florida Medical Association*, 1978, vol. 6, pp. 1-6.

SCHNAPER, N.: «The Psychological Implications of Severe Trauma: Emotional Sequelae to Unconsciousness», en *J Trauma*, 1975, vol. 15, pp. 94-98.

SCHOONMAKER, F.: «Near-Death Experiences», en *Anabiosis: The Journal of Near-Death Studies*, 1979, vol. 1, pp. 1-35.

SCHROETER-KUNHARDT, M.: «A Review of Near-Death Experiences», en *Journal of Scientific Exploration*, 1993, vol. 7, pp. 219-239.

———«Erfahrungen sterbender wahrend des klinischen Todes», en *Zeitung Allgemeine Medizin*, 1990, vol. 66, pp. 1014-1021.

SERDAHELY, W. J.: «Pediatric Death Experiences», en *Journal of Near-Death Studies*, 1990, vol. 9, pp. 33-41.

SIGEL, R. K.: «The Psychology of Life after Death», en *American Psychology*, 1980, vol. 35, pp. 911-931.

TOSCH, P.: «Patients' Recollections of Their Posttraumatic Coma», en *Journal of Neuroscience and Nursing*, 1988, vol. 20, pp. 223-228.

VICCHIO, S.: «Near-Death Experiences: A Critical Review of the Literature and Some Questions for Further Study», en *Essence*, 1981, vol. 5, p. 79.

WALKER, F. O.: «A Nowhere Near Death Experience: Heavenly Choirs Interrupt Myelography», carta en *Journal of the American Medical Association*, 1989, vol. 261, pp. 1282-1289.

YATES, T. T. y BANNARD, J. R.: «The Haunted Child: Grief, Hallucinations and Family Dynamics», en *Journal of the American Academy of Child and Adolescent Psychiatry*, 1988, vol. 27, pp. 673-691.

REFERENCIAS
SOBRE EL ESTUDIO CIENTÍFICO DE LO PARANORMAL

Libros

ALMEDER, R.: *Death and Personal Survival: The Evidence for Life After Death*, Littlefield Adams Quality Paperbacks, Lanham, Md., 1992.

AUERBACH, L.: *ESP, Haunting and Poltergeists: A Parapsychologist's Handbook*, Warner Books, Nueva York, 1986.

_____*Psychic Dreaming: A Parapsychologist's Handbook*, Warner Books, Nueva York, 1991.

_____*Reincarnation, Channeling and Possession: A Parapsychologist's Handbook*, Warner Books, Nueva York, 1993.

BLACKMORE, S.: *Beyond the Body*, Academy Chicago Publishers, Chicago, 1992.

BROUGHTON, R.: *Parapsychology: The Controversial Science*, Ballantine Books, Nueva York, 1991.

DUNCAN, L.: *Who Killed My Daughter?*, Delacorte Press, Nueva York, 1992.

DUNCAN, L. y ROLL, W.: *Psychic Connections: A Journey into the Mysterious World of PSI*, Delacorte Press, Nueva York, 1995.

SABBARD, G. O. y TWEMLOW, S. W.: *With the Eyes of the Mina: An Empirical Analysis of Out-of-body States*, Praeger, Nueva York, 1984.

HARPUR, T.: *Life After Death*, McClelland and Stewart, Toronto, 1991.

HUFFORD, D.: *The Terror That Comes in the Night*, University of Pennsylvania Press, Philadelphia, 1982.

JAHN, R. y DUNNE, B.: *Margins of Reality: The Role of Consciousness in the Physical World*, Harcourt Brace, San Diego, 1987.

KOESTLER, A.: *The Roots of Coincidence*, Random House, Nueva York, 1972. (*Las raíces del azar*, Kairós, Barcelona, 1994.)

MYERS, F. W. H.: *Human Personality and Its Survival of Bodily Death*, 2 vols., Longmans, Green and Co., Nueva York, 1903.

_____*Mysteries of the Unknown: Phantom Encounters*, Time-Life Books, Alexandria, Va., 1988.

_____*Mysteries of the Unknown: Spirit Summonings*, Time-Life Books, Alexandria, Va., 1989.

OSTRANDER, S. y SCHROEDER, L.: *Psychic Discoveries Behind the Iron Curtain*, Bantam Books, Nueva York, 1970.

RADIN, D.: *The Conscious Universe: The Scientific Truth of Psychic Phenomena*, Harper Edge, Nueva York, 1997.

SHNABEL, J.: *Remote Viewers: The Secret History of America's Psychic Spies*, Dell, Nueva York, 1997.

_____*Round in Circles: Poltergeists, Pranksters, and the Secret History of Cropwatchers*, Prometheus Books, Nueva York, 1994.

STAPP, H.: *Mind, Matter, and Quantum Mechanics*, Springer-Verlag, Nueva York, 1993.

TALBOT, M.: *The Holographic Universe*, HarperCollins, Nueva York, 1992.

WILSON, I.: *The After-Death Experience*, Quill, Nueva York, 1987.

Artículos

BARRETT, E. A. M., DOYLE, M. B., MALINSKI, V. M. *et al.*: «The Relationship Among the Experience of Dying, the Experience of Paranormal Events, and Creativity in Adults», en *Visions of Roger's Science-based Nursing*, ed. E. A. M. Barrett, National League for Nursing Publication, Nueva York, 1990, vol. 15, p. 2285.

BEM, D., y HONORTON, C.: «Does PSI Exist? Replicable Evidence for an Anomalous Process of Information Transfer», en *Psychological Bulletin*, 1994, vol. 115, pp. 4-18.

BEUTLER, J. y ATTEVELT, J.: «Paranormal Healing and Hypertension» en *British Medical Journal*, 1988, vol. 296, pp. 1491-1494.

BRAUD, W., y DENNIS, S.: «Geophysical Variables and Behavior: Autonomic Activity Hemolysis and Biological Psychokinesis: Possible Relationships with Geomagnetic Field Activity», en *Perceptual and Motor Skills*, 1989, vol. 68, pp. 1243-1254.

GRUEN, A.: «Relationship of Sudden Infant Death and Parental Unconscious Conflicts», en *Pre and Perinatal Psychology Journal*, 1982, vol. 2, pp. 50-56.

HARALDSSON, E. y GISSURARSON, L.: «Does Geomagnetic Activity Affect Extrasensory Perception?», en *Personality and Individual Differences*, 1987, vol. 8, pp. 745-747.

HENNSLEY, J. A., CHRISTENSON, P. J., HARDOIN, R. A. *et al.*: «Premonitions of Sudden Infant Death Syndrome: A Retrospective Case Control Study». Resumen de un trabajo presentado en el National SIDS Alliance Meeting, Pittsburg, octubre 1993, en *Pediatric Pulmonology*, 1993, vol. 16, p. 393.

HUFFORD, J. D.: «Paranormal Experiences in the General Population: A Commentary», en *Journal of Nervous and Mental Disease*, 1992, vol. 180, pp. 362-368.

HYMAN, R.: «Parapsychological Research: Tutorial Review and Critica Appraisal», en *Proceedings of the IEEE*, 1985, vol. 74, pp. 823-849.

JAHN, R.: «The Persistent Paradox of Psychic Phenomena: Engineering Perspective», en *Proceedings of the IEEE*, 1982, vol. 70, pp. 136-170.

KOHR, R. L.: «Near-Death Experiences, Altered States and PSI Sensitivity», en *Anabiosis: The Journal of Near-Death Studies*, 1983, vol. 3, pp. 157-176.

KUANG, K.: «Long-term Observation on Qi Gong in Prevention of Stroke: Follow-up 244 Hypertensive Patients for 18-22 Years», *Journal of Traditional Chinese Medicine 6*, 1986, vol. 4, pp. 235-238.

MILNE, G.: «Hypnotherapy with Migraine», en *Australian Journal of Clinical and Experimental Hypnosis 2*, 1982, vol. 3, pp. 23-32.

NELSON, G. K.: «Preliminary Study of the EEG of Mediums», en *Parapsychologica*, 1970, vol. 4, pp. 30-45.

NEPPE, V. M.: «PSI, Genetics, and the Temporal Lobes», en *Parapsychological Journal of South Africa 2*, 1981, vol. 1, pp. 35-55.

_____ «The Temporal Lobe and Anomalous Experience», en *Parapsychological Journal of South Africa 5*, 1984, vol. 1, pp. 36-47.

PENFIELD, W.: «The Role of the Temporal Cortex in Certain Psychical Phenomena», en *Journal of Mental Science*, 1955, vol. 101, pp. 451-465.

Rao, K. y Palmer, J.: «The Anomaly Called PSI: Recent Research and Criticism», en *Behavioral and Brain Sciences*, 1987, vol. 10, pp. 539-551.

Stapp, H.: «Theoretical Model of a Purported Empirical Violation of the Predictions of Quantum Theory», en *Physical Review*, 1994, vol. 50, pp. 18-22.

Tobacyk, J.: «Death Threat, Death Concerns, and Paranormal Belief», en *Death Education*, 1983, vol. 7, pp. 115-124.

Utts, J.: «An Assessment of the Evidence for Psychic Functioning», en *Journal of Scientific Exploration*, 1999, vol. 10, pp. 3-30.

Referencias sobre perspectivas científicas
en materia de religión, espiritualidad y consciencia

Libros

Calvin, W.: *The Cerebral Symphony*, Bantam Books, Nueva York, 1989. (*Cómo piensan los cerebros*, Debate, Barcelona, 2001.)

Capra, F.: *The Tao of Physics*, Bantam Books, Nueva York, 1976. (*El tao de la física*, Sirio, Málaga, 1996.)

Crick, F.: *The Astonishing Hypothesis: The Scientific Search for the Soul*, Charles Scribner's Sons, Nueva York, 1994. (*La búsqueda científica del alma: una revolucionaria hipótesis*, Debate, Barcelona, 1994.)

Davies, P.: *The Mind of God: The Scientific Basis for a Rational World*, Touchstone, Nueva York, 1992. (*La mente de dios*, McGraw-Hill/Interamericana de España, Aravaca, 1993.)

Dennett, D.: *Consciousness Explained*, Little, Brown, Boston, 1991.

Dossey, L.: *Recovering the Soul: A Scientific and Spiritual Search*, Bantam Books, Nueva York, 1989.

Ferris, T.: *The Mind's Sky: Human Intelligence in a Cosmic Context*, Bantam Books, Nueva York, 1992. (*El firmamento de la mente*, Acento Editorial, Boadilla del Monte, 1993.)

Gerber, R.: *Vibrational Medicine*, Bear and Co., Santa Fe, 1988.

Gibson, A.: *Fingerprints of God*, Horizon Publishers, Bountiful, Utah, 1999.

Grof, S.: *The Holotropic Mind*, Harper San Francisco, San Francisco, 1990. (*La mente holotrópica: los niveles de la conciencia humana*, Kairós, Barcelona, 1994.)

Hofstadter, D. y Dennett, D.: *The Mind's I: Fantasies and Reflections on Self and Soul*, Bantam Books, Nueva York, 1981.

HUXLEY, A.: *The Doors of Perception / Heaven and Hell*, Harper Perennial, Nueva York, 1990. (*Las puertas de la percepción*, Edhasa, Barcelona, 1995.)

LEDERMAN, L., y TERESI, D.: *The God Particle: If the Universe Is the Answer, What's the Question?*, Delta, Nueva York, 1993. (*La partícula divina: si el universo es la respuesta, ¿cuál es la pregunta?*, Crítica, Barcelona, 1996.)

LEWELS, J.: *The God Hypothesis*, Wild Flower Press, Mill Spring, N.C., 1997.

LORIMER, D. (ed.): *The Spirit of Science: From Experiment to Experience*, Floris Books, Harrison Gardens, Edinburgh, 1998. (*El espíritu de la ciencia*, Kairós, Barcelona, 2000.)

MASLOW, A. H.: *The Farther Reaches of Human Nature*, Viking Press, Nueva York, 1971.

PEAT, F.: *Synchronicity: The Bridge Between Matter and Mind*, Bantam Books, Nueva York, 1987. (*Sincronicidad: puente entre mente y materia*, Kairós, Barcelona, 2003.)

PENFIELD, W.: *The Mystery of the Mind*, Princeton University Press, Princeton, N. J., 1975.

RESTAK, R.: *The Brain Has a Mind of Its Own*, Harmony Books, Nueva York, 1991. (*Nuestro nuevo cerebro: cómo la era moderna ha modificado nuestra mente*, Urano, Barcelona, 2005.)

RICHARDS, P. S. y BERGIN, A. E.: *A Spiritual Strategy for Counseling and Psychotherapy*, American Psychological Association, Washington, D. C., 1997.

SAGAN, C.: *The Demon-Haunted World: Science as a Candle in the Dark*, Ballantine Books, Nueva York, 1996. (*El mundo y sus demonios*, Planeta, Barcelona, 1999.)

SCHRÖDINGER, E.: *What Is Life?*, Cambridge University Press, Nueva York, 1992.

SCHROEDER, G.: *The Science of God: The Convergence of Scientific and Biblical Wisdom*, The Free Press, Nueva York, 1997.

SEARLE, J.: *Minds, Brains and Science*, Harvard University Press Cambridge, Mass., 1984. (*Mentes, cerebros y ciencia*, Cátedra, Madrid, 1985.)

TART, C.: *Body Mind Spirit*, Hampton Roads Publishing, Charlottesville, Va., 1997.

TILLER, W.: *Science and Human Transformation: Subtle Energies, Intentionality and Consciousness*, Pavior, Walnut Creek, Calif., 1997.

DONDE DIOS HABITA

TIPLER, F.: *The Physics of Immortality*, Anchor Books, Nueva York, 1994. (*La física de la inmortalidad: la cosmología moderna y su relación con Dios y la resurrección de los muertos*, Alianza Editorial, Madrid, 2005.)

YOUNG, J.: *Philosophy and the Brain*, Oxford University Press, Nueva York, 1988. (*Filosofía y cerebro*, Sirmio, Barcelona, 1993.)

ZUKAV, G.: *The Dancing Wu Li Masters*, William Morrow, Nueva York, 1980. (*La danza de los maestros del wu li*, Plaza & Janés Editores, Barcelona 1991.)

_____*The Seat of the Soul*, Fireside, Nueva York, 1989. (*El lugar del alma*, América Ibérica, Madrid, 1994.)

Artículos

BOUTELL, K. A. y FREDERICK, B. W.: «Nurses' Assessment of Patients' Spirituality: Continuing Education Implications» en *Journal of Continuing of Education in Nursing 21*, 1992, vol. 4, pp. 172-176.

BURKHARDT, M.: «Spirituality: An Analysis of the Concept», *Holistic Nursing Practice*, mayo 1989, pp. 60-77.

CAWLEY, N.: «An Exploration of the Concept of Spirituality», en *International Journal of Palliative Nursing 3*, 1997, vol. 1, pp. 31-36.

DUDLEY, J. R., SMITH, C., y MILLISON, M. B.: «Unfinished Business: Assessing the Spiritual Needs of Hospice Clients», en *American Journal of Hospice and Palliative Care*, marzo-abril 1995, pp. 30-37.

ENGEBRETSON, J.: «Considerations in Diagnosing in the Spiritual Domain», en *Nursing Diagnosis 7*, julio-septiembre, 1996, vol. 3, pp. 100-107.

FLORELL, J. L.: «Crisis Intervention in Orthopedic Surgery: Empirical Evidence of the Effectiveness of a Chaplain Working with Surgery Patients», en *Bulletin of the American Protestant Hospital Association*, 1973, vol. 37, pp. 29-36.

GARDNER, R.: «Miracles of Healing in Anglo-Celtic Northumbria as Recorded by the Venerable Bede and His Contemporaries: A Reappraisal in the Light of the Twentieth-century Experience», en *British Journal of Medicine*, 1983, vol. 287, pp. 24-31.

GUY, R. F.: «Religion, Physical Disabilities, and Life Satisfaction in Older Age Cohorts», en *International Journal of Aging and Human Development*, 1982, vol. 15, pp. 225-232.

HAY, M. W.: «Principles in Building Spiritual Assessment Tools», en *Am J Hospice Care*, septiembre-octubre 1989, pp. 25-31.

HELIKER, D.: «Reevaluation of a Nursing Diagnosis: Spiritual Distress», en *Nursing Forum 27*, octubre-diciembre 1992, vol. 4, pp. 15-20.

HIGHFIELD, M. F. y CARSON, C.: «The Spiritual Needs of Patients: Are They Recognized?», en *Cancer Nursing*, 1983, vol. 6, p. 187.

MACDONALD, S. M., SANDMAIER, R. y FAINSINGER, R. L.: «Objective Evaluation of Spiritual Care: A Case Report», en *Journal of Palliative Care 9*, 1993, vol. 2, pp. 47-49.

MANDELL, A.: «Toward a Psychobiology of Transcendence: God in the Brain», en *The Psychobiology of Consciousness*, (ed. R. S. Davidson), Plenum Press, Nueva York, 1980.

MANSEN, T. J.: «The Spiritual Dimension of Individuals: Conceptual Development», en *Nursing Diagnosis 4*, octubre-diciembre 1993, vol. 4, pp. 140-147.

McSHERRY, E., KRATZ, D. y NELSON, W. A.: «Pastoral Care Departments: More Necessary in the DRG Era», en *Health Care Management Review II*, 1986, pp. 47-61.

MERMAN, A. C.: «Spiritual Aspects of Death and Dying», en *Yale Journal of Biology and Medicine*, 1992, vol. 65, pp. 137-142.

MILLISON, M. B.: «A Review of the Research on Spiritual Care and Hospice», en *The Hospice Journal 10*, 1995, vol. 4, pp. 3-18.

O'CONNOR, P.: «The Role of Spiritual Care in Hospice», en *American Journal of Hospice Care 5*, 1988, vol. 4, pp. 31-37.

_____«Spiritual Care Meets Palliative Care», en *Vision*, mayo 1999, pp. 9-10.

PERSINGER, M.: «Religious and Mystical Experience as Artifacts of Temporal Lobe Function: A General Hypothesis», en *Perceptual and Motor Skills*, 1983, vol. 57, pp. 1255-1262.

REED, P. G.: «An Emerging Paradigm for the Investigation of Spirituality in Nursing», en *Research in Nursing and Health*, 1992, vol. 15, pp. 349-357.

_____«Spirituality and Well-Being in Terminally Ill Hospitalized Patients», en *Research in Nursing and Health*, 1987, vol. 10, pp. 335-44.

SODESTRUM, K. E., y MARTINSON, I. M.: «Patients' Spiritual Coping», en *Strategies: A Study of Nurse and Patient Perspective 14*, 1987, vol. 2, pp. 41-46.

SPECK, P. W.: «Spiritual Issues in Palliative Care», en *Oxford Textbook of Palliative Medicine* (ed. D. Doyle, G. W. C. Hanks y N. Mac-Donald), Oxford University Press, Oxford, 1993.

STOLL, R. I.: «Guidelines for Spiritual Assessment», en *AJN*, septiembre 1979, pp. 1574-1575.

SUMNER, C. H.: «Recognizing and Responding to Spiritual Needs», *American Journal of Nursing*, 1998, vol. 98, pp. 26-30.

VANDECREEK, L., AYRES, S. y BASSHAM, M.: «Using INSPIRIT to Conduct Spiritual Assessments», en *Journal of Pastoral Care*, primavera 1995, n°. 4, vol. 49, pp. 83-90.

REFERENCIAS SOBRE LA SANACIÓN MENTE-CUERPO

Libros

BENSON, H.: *Beyond the Relaxation Response*, Berkley Publishing Group, Nueva York, 1984.

BENSON, H., y STUART, E.: *The Wellness Book: The Comprehensive Guide to Maintaining Health and Treating Stress-Related Illness*, Fireside, Nueva York, 1992.

BESSETT, L. (ed.): *Beyond Suffering or Death*, MNH, Québec, 1994.

CHOPRA, D.: *Quantum Healing: Exploring the Frontiers of mind-body Medicine*, Bantam Books, Nueva York, 1989. (*Curación cuántica*, Plaza & Janés Editores, Barcelona, 1997.)

CORNWELL, J.: *The Hiding Places of God*, Warner, Nueva York, 1991.

COUSINS, N.: *Head First: The Biology of Hope and the Healing Power of the Human Spirit*, Penguin, Nueva York, 1989.

CRANSTON, R.: *The Miracle of Lourdes*, Doubleday, Nueva York, 1988.

DETHLEFSEN, T. y DAHLKE, R.: *The Healing Power of Illness: The Meaning of Symptoms and How to Interpret Them*, Element Books Rockport, Mass., 1990.

DOSSEY, L.: *Meaning and Medicine: A Doctor's Tales of Breakthrough and Healing*, Bantam Books, Nueva York, 1991.

_____ *Space, Time and Medicine*, Shambhala, Boston, 1982.

GLASSER, W.: *Stations of the Mina: New Directions for Reality Therapy*, Harper and Row, Nueva York, 1981.

GOLEMAN, D., y GURIN, J.: (eds.) *Mind-Body Medicine: How to Use Your Mind for Better Health*, Consumer Reports Books, Yonkers, N. Y., 1993.

HIRSHBERG, C., y BARASCH, M.: *Remarkable Recovery: What Extraordinary Healings Tell Us About Getting Well and Staying Well*, Riverhead Books, Nueva York, 1995.

HUTCHISON, M.: *The Book of Floating: Exploring the Private Sea*, Quill, Nueva York, 1982.

KHARITIDI, O.: *Entering the Circle: Ancient Secrets of Siberian Wisdom Discovered by a Russian Psychiatrist*, Harper San Francisco, San Francisco, 1996. (*Entrar en el círculo: el encuentro con la antigua sabiduría de los chamanes siberianos*, Círculo de Lectores, Barcelona, 1998.)

KUNZ, D.: *Spiritual Aspects of the Healing Arts*, Quest Books, Wheaton, Ill., 1985.

LESHAN, L.: *The Medium, the Mystic, and the Physicist*, Viking, Nueva York, 1974.

LIU, H. y PERRY, P.: *Mastering Miracles: The Healing Art of Qi Gong as Taught by a Master*, Warner, Nueva York, 1997.

MOYERS, B.: *Healing and the Mind*, Doubleday, Nueva York, 1993.

MYSS, C.: *Anatomy of the Spirit: The Seven Stages of Power and Healing*, Three Rivers Press, Nueva York, 1996. (*Anatomía del espíritu*, Ediciones B, Barcelona, 2005.)

_____*Why People Don't Heal and How They Can*, Harmony Books New York, 1997.

PEARSALL, P.: *Making Miracles: Finding Meaning in Life's Chaos*, Avon, Nueva York, 1991.

PLOTKIN, M.: *Tales of a Shaman's Apprentice*, Penguin, Nueva York, 1994.

PORTER, G. y NORRIS, P.: *Why Me? Harnessing the Healing Power of the Human Spirit*, Stillpoint Publishing, Walpole, N. H., 1985.

SHEIKH, A. (ed.): *Imagination and Healing. Imagery and Human Development Series*, Baywood Publishing, Farmingdale, N. Y., 1984.

TARG, R. y KATRA, J.: *Miracles of Mind: Exploring Non Local Consciousness and Spiritual Healing*, New World Library, Novato, Calif., 1998.

WEISS, B.: *Through Time into Healing: Discovering the Power of Regression Therapy to Erase Trauma and Transform Mind, Body, and Relationships*, Fireside, Nueva York, 1992.

WHITE, L., TURSKY, B. y SCHWARTZ, G.: *Placebo: Theory, Research and Mechanics*, Guilford Press, Nueva York, 1985.

Artículos

ADER, R., y COHEN, N.: «Behaviorally Conditioned Immunosupression», en *Psychosomatic Medicine*, 1975, vol. 37, n.º 4, pp. 333-340.

BAKER, H.: «Spontaneous Regression of Malignant Melanoma», en *American Surgeon*, 1964, vol. 30, n.º 12, pp. 825-829.

BARBER, T.: «Changing Unchangeable Processes by Hypnotic Suggestion: A New Look at Hypnosis, Cognition, Imagining and the Mind-Body Problem», en *Advances 1*, 1984, vol. 2, pp. 30-34.

BELL, J., JESSEPH, J. y LEIGHTON, R.: «Spontaneous Regression of Bronchogenic Carcinoma with Five-year Survival», en *Journal of Thoracic and Cardiovascular Surgery*, 1964, n.º 6, vol. 48, pp. 984-990.

CLAWSON, T., y SWADE, R.: «The Hypnotic Control of Blood Flow and Pain: The Cure of Warts and the Potential of the Use of Hypnosis in the Treatment of Cancer», en *American Journal of Clinical Hypnosis*, 1975, vol. 17, pp. 160-169.

GOODWIN, J.: «The Effect of Marital Status on Stage, Treatment and Survival of Cancer Patients», en *Journal of the American Medical Association 258*, 1987, vol. 21, p. 3125.

GREENLEAF, M.: «Hypnotizability and Recovery from Cardiac Surgery», en *American Journal of Clinical Hypnosis*, 1992, n.º 2, vol. 35, pp. 119-129.

GRILLET, B., DEMEDTS, M., y ROELENS, J.: «Spontaneous Regression of Lung Metasteses of Adenocystic Carcinoma», en *Chest*, 1984, n.º 2, vol. 85, pp. 289-291.

HALL, H.: «Hypnosis and the Immune System: A Review with Implications for Cancer and the Psychology of Healing», en *American Journal of Clinical Hypnosis 25*, 1982-1983, vols. 2-3.

IKEMI, Y.: «Psychosomatic Consideration on Cancer Patients Who Have Made a Narrow Escape from Death», en *Dynamic Psychiatry 8*, 1975, vol. 2, p. 85.

KANIGEL, R.: «Placebos: Magic Medicine?», en *Johns Hopkins Magazine*, agosto 1983, pp. 12-16.

KENNEDY, S., KEICOLT-GLASSER, J. y GLASSER, R.: «Immunological Consequences of Acute and Chronic Stressors in a Mediating Role of Interpersonal Relationships», en *British Journal of Medical Psychology*, 1988, vol. 61, pp. 77-85.

KLOPFER, B.: «Psychological Variables in Human Cancer», en *Journal of Projective Techniques*, 1957, vol. 21, pp. 329-340.

LAM, K., HO, J. y YEUNG, R.: «Spontaneous Regression of Hepatocellular Carcinoma: A Case Study», en *Cancer*, 1982, n.º 2. vol. 50, pp. 332-336.

LE SHAN, L. y GASSMAN, M.: «Some Observations on Psychotherapy on Patients with Neoplastic Disease», en *American Journal of Psychotherapy*, 1958, vol. 12, pp. 723-734.

O'REGAN, B. y HURLEY, T.: «Placebo: The Hidden Asset in Healing», en *Investigations* (*Research Bulletin of the Institute of Noetic Sciences*), 1985, n.º 1, vol. 2, p. 5.

PESCHEL, R. y PESCHEL, E.: «Medical Miracles from the Physician-Scientist Point of View», en *Perspectives in Biology and Medicine 31*, 1988, vol. 3, p. 392.

SHEN, G.: «The Study of Mind-Body Effects and Qi Gong in China», en *Advances*, 1986, n.º 4, vol. 3, pp. 139-140.

SINCLAIR-GIEBEN, A. y CHALMERS, D.: «Evaluation of Treatment of Warts by Hypnosis», en *Lancet*, 1959, vol. 2, pp. 480-482.

SPIEGEL, D.: «A Psychosocial Intervention in Survival Time of Patients with Metastatic Breast Cancer», en *Advances 7*, 1991, vol. 3, p. 15.

STAMPLEY, E.: «The Healing Power of Suggestion», en *Tourovues*, 1989, p. 1.

REFERENCIAS SOBRE LA MEMORIA
Y LOS RECUERDOS DE VIDAS PASADAS

Libros

BOWMAN, C.: *Children's Past Lives: How Past Life Memories Affect Your Child*, Bantam Books, Nueva York, 1997.

CHAMBERLAIN, D.: *Babies Remember Birth*, Jeremy P. Tarcher, Los Ángeles, 1988.

DUCASSE, C. J.: *A Critical Examination of the Belief in a Life After Death*, Charles C. Thomas, Springfield, Il., 1961.

HALLETT, E.: *Soul Trek: Meeting Our Children on the Way to Birth*, Light Hearts Publishing, Hamilton, Mont., 1995.

HINZE, S.: *Corning from the Light: Spiritual Accounts of Life Before Life*, Pocket Books, Nueva York, 1997.

LOFTUS, E. y KETCHAM, K.: *Witness for the Defense*, St. Martin's Press, Nueva York, 1991.

LUCAS, W. (ed.): *Regression Therapy: A Handbook for Professionals*, 2 vols., Deep Forest Press, Crest Park, Calif., 1993.

ROGO, D. S.: *The Search for Yesterday: A Critical Examination of the Evidence for Reincarnation*, Prentice-Hall, Englewood Cliffs, N. J., 1985.

STEVENSON, I.: *Cases of the Reincarnation Type*, vol. 1: *Ten Cases in India*, University Press of Virginia, Charlottesville, Va., 1975.

———*Cases of the Reincarnation Type*, vol. 3: *Twelve Cases in Lebanon and Turkey*, University Press of Virginia, Charlottesville, Va., 1980.

Children Who Remember Previous Lives, University Press of Virginia, Charlottesville, Va., 1987.

_____Twenty Cases Suggestive of Reincarnation_, University Press of Virginia, Charlottesville, Va., 1974. (_Veinte casos que hacen pensar en la reencarnación_, Ed. Mirach, Villaviciosa de Odón, 1992.)

TERR, L.: _Unchained Memories: True Stories of Traumatic Memories Lost and Found_, Basic Books, Nueva York, 1994.

Artículos

STEVENSON, I.: «American Children Who Claim to Remember Previous Lives», en _Journal of Nervous and Mental Disease_, 1983, n.º 12, vol. 171, pp. 742-748.

_____«Birthmarks and Birth Defects Corresponding to Wounds on Deceased Persons», en _Journal of Scientific Exploration_, 1993, n.º 4, vol. 7, pp. 403-410.

_____«Phobias in Children Who Claim to Remember Previous Lives», en _Journal of Scientific Exploration_, 1990, n.º 2, vol. 4, pp. 243-254.

REFERENCIAS SOBRE RELIGIÓN Y ESPIRITUALIDAD

Libros

BRAGDON, E.: _The Call of Spiritual Emergency_, Harper and Row, San Francisco, 1990.

COWAN, T.: _Shamanism as a Spiritual Practice for Daily Life_, The Crossing Press, Freedom, Calif., 1996. (_En la senda del chamán: una práctica espiritual para la vida diaria_, RBA Libros, Barcelona, 1998.)

ELIADE, M.: _Shamanism: Archaic Techniques of Ecstasy_, Princeton University Press, Princeton, 1964. (_El chamanismo y las técnicas arcaicas del éxtasis_, Fondo de Cultura Económica, Madrid, 2001.)

EVANS-WENTZ, W.: _The Tibetan Book of the Dead_, Oxford University Press, London, 1960.

FLANAGAN, S.: _Secrets of God: Writings of Hildegard of Bingen_, Shambhala, Boston, 1996.

FRAZER, J.: _The New Golden Bough_, New American Library, Nueva York, 1959.

HARNER, M.: _The Way of the Shaman_, Harper San Francisco, San Francisco, 1990. (_La senda del chamán_, Ahimsa, València, 2000.)

HAUCK, R. (ed.): *Angels: The Mysterious Messengers*, Ballantine Books, Nueva York, 1994. (*Ángeles, los mensajeros misteriosos*, Martínez Roca, Madrid, 1995.)

HICK, J.: *An Interpretation of Religion: Human Responses to the Transcendent*, Yale University Press, Nueva Haven, 1989.

INGERSOLL, R.: *Reason, Tolerance, and Christianity: The Ingersoll Debates*, Prometheus Books, Nueva York, 1993.

JAMES, W.: *The Varieties of Religious Experience*, The Modern Library, Nueva York, 1902.

KELLER, H.: *Light in My Darkness*, Chrysalis Books, West Chester, Penn., 1994.

MOORE, T.: *Care of the Soul: A Guide for Cultivating Depth and Sacredness in Everyday Life*, Harper Perennial, Nueva York, 1992. (*El cuidado del alma: cómo dar profundidad y significado a nuestras vidas*, Círculo de Lectores, Barcelona, 1994.)

MOSS, R.: *Conscious Dreaming*, Three Rivers Press, Nueva York, 1996.

RAMPA, L.: *The Third Eye*, Ballantine Books, Nueva York, 1995. (*El tercer ojo*, Destino, Barcelona, 2001.)

RINPOCHE, S.: *The Tibetan Book of Living and Dying*, Harper San Francisco, San Francisco, 1992.

SCHUCMAN, H. y THETFORD, W.: *A Course in Miracles*, Penguin, Nueva York, 1996.

MISCELÁNEA

Libros

BECKER, G. de.: *The Gift of Fear: Survival Signals That Protect Us from Violence*, Little, Brown, Nueva York, 1997. (*El valor del miedo: señales de alarma que nos protegen de la violencia*, Urano, Barcelona, 1999.)

CAMPBELL, J.: *Creative Mythology: The Masks of God*, Penguin, Nueva York, 1968. (*Mitología creativa*, Alianza Editorial, Madrid, 1992, vol. IV.)

_____*Myths to Live by*, Bantam Books, Nueva York, 1972.

_____*The Power of Myth*, Doubleday, Nueva York, 1984.

_____*Primitive Mythology*, Penguin, Nueva York, 1967. (*Mitología primitiva*, Alianza Editorial, Madrid, 1991, vol. I.)

DAVIS, W.: *Shadows in the Sun: Travel to Landscapes of Spirit and Desire*, Island Press, Washington, D. C., 1998.

DONDE DIOS HABITA

ELIACH, Y.: *Hasidic Tales of the Holocaust*, Vintage, Nueva York, 1988.

FURST, P.: *Hallucinogens and Culture*, Chandler and Sharp, San Francisco, 1976. (*Los alucinógenos y la cultura*, Fondo de Cultura Económica, Madrid, 2002.)

HALL, E.: *The Hidden Dimension*, Anchor Books, Nueva York, 1982.

JOVANOVIC, P.: *An Inquiry into the Existence of Guardian Angels*, M. Evans and Co., Nueva York, 1993. (*¿Existen los ángeles de la guarda?*, Editorial Thassàlia, Barcelona, 1995.)

MELTZER, D.: *Death: An Anthology of Ancient Texts, Songs, Prayers, and Stories*, North Point Press, San Francisco, 1984.

MILES, M. B. y HUBERMAN, A. M.: *Qualitative Data Analysis: A Sourcebook of New Methods*, Sage Publications, Newbury Park, Calif., 1984.

MONROE, R.: *Journeys out of the Body*, Doubleday, Nueva York, 1977. (*Fantásticas experiencias del viaje astral*, Arias Montano Editores, Móstoles, 1991.)

NORMAN, M. y SCOTT, B.: *Historie Haunted America*, A Toril Doherty Associates Book, Nueva York, 1995.

NULAND, S.: *How We Die: Reflections on Life's Final Chapter*, Alfred A. Knopf, Nueva York, 1994. (*Cómo morimos: reflexiones sobre el último capítulo de la vida*, Alianza Editorial, Madrid, 1995.)

PEARCE, C. S.: *A Crack in the Cosmic Egg*, Pocket Books, Nueva York, 1971.

POPESCU, P.: *Amazon Beaming*, Viking, Nueva York, 1991. (*Los misterios del Amazonas*, Plaza & Janés, Barcelona, 1992.)

RING, K.: *Near-Death Experiences: UFOs and Mind at Large*, Macmillan, Nueva York, 1992.

ROTHENBERG, J.: *Technicians of the Sacred*, Anchor Books, Nueva York, 1968.

SACKS, O.: *An Anthropologist on Mars: Seven Paradoxical Tales*, Alfred A. Knopf, Nueva York, 1995. (*Un antropólogo en Marte: siete relatos paradójicos*, Editorial Anagrama, Barcelona, 1997.)

SAGAN, C.: *Broca's Brain*, Random House, Nueva York, 1979. (*El cerebro de Broca: reflexiones sobre el apasionante mundo de la ciencia*, Editorial Crítica, Barcelona, 1994.)

THOMPSON, C.: *The Mystery and Lore of Apparitions*, Gale Research Co., Detroit, 1974.

THOMPSON, K.: *Angels and Aliens*, Fawcett Columbine, Nueva York, 1991.

VANDEREYCKEN, W. y VAN DETH, R.: *From Fasting Saints to Anorexic Girls: The History of Self-Starvation*, Nueva York University Press, Nueva York, 1994.

Artículos

HANSEN, G. P.: «CSICOP and the Skeptics: An Overview», en *Journal of American Society for Psychical Research*, 1992, n.º 1, vol. 86, pp. 19-63.

HOLMAN, H. R.: «Qualitative Inquiry in Medical Research», en *Journal of Clinical Epidemiology*, 1993, vol. 46, pp. 29-36.

KIRSCHVINK, KOBAYASHI-KIRSCHVINK y WOOLFORD: «Magnetic Biomineralization in the Human Brain», en *Proceedings of the National Academy of Science*, 1992, vol. 89, pp. 7683-7687.

STEVENSON, I.: «Do We Need a New Word to Supplement "Hallucination"?», en *Am I Psychiatry*, 1983, vol. 140, pp. 1609-1611.

Revistas

Advances: The Journal of Mind-Body Health. Publicada por el John Fetzer Institute, 9292 West KL Avenue, Kalamazoo, MI 49009-9398. Esta revista publica artículos científicos sobre la consciencia y la sanación mente-cuerpo, escritos por científicos y médicos de primera línea.

Exceptional Human Experience. Publicada por Rhea White, The Exceptional Human Experience Network, New Bern, NC 28562. Rhea White es una conocida parapsicóloga que publica experiencias anecdóticas y artículos sobre los diferentes estados de la consciencia humana.

Frontier Perspectives. Publicada por el Center for Frontier Sciences de la Temple University. Temple University, Ritter Hall 003-00, Philadelphia, PA 19122. Escrita por científicos y para científicos, esta revista, que trata asuntos de primera línea, ha sido duramente atacada por el *Skeptical Inquirer*. Sin embargo, es la única que conozco que publica artículos rigurosos y fiables sobre temas que, normalmente, quedan fuera de la línea habitual de la corriente científica.

Journal of Consciousness Studies: Controversies in Science and the Humanities. Publicada por Imprint Academics, Consciousness Studies, Departamento de Psicología, Universidad de Arizona, 1433,

E. Helen, Tucson, AZ 85721. En esta densa publicación colaboran científicos que examinan los temas relacionados con la consciencia desde un punto de vista multidisciplinario. Participan en ella artistas, teólogos, psicólogos, neurólogos, filósofos y biólogos.

Journal of Irreproducible Results: The Official Organ of the Society for Basic Irreproducible Research. Publicada por la George Scherr, Box 234, Chicago Heights, IL 60411. Con artículos como «La dieta y el universo en expansión», «Diagnóstico precognitivo transpersonal y su tratamiento» y «La inteligencia agregada y el problema del payaso colectivo», esta revista nos recuerda que debemos reírnos de vez en cuando.

Journal of Near-Death Studies. Publicada por el Human Sciences Press, 233 Spring Street, Nueva York, NY 10013-1578. Editada por Bruce Greyson, esta revista publica artículos científicos de primera línea sobre las experiencias próximas a la muerte y temas científicos relacionados con ese campo.

Journal of Scientific Exploration. Es la revista de la Sociedad de la Exploración Científica. P. O. Box 5848, Stanford, CA 94309. Es una revista para científicos imparciales dedicada a la investigación y discusión de fenómenos anómalos que se escapan a las disciplinas más convencionales de la ciencia, como los platillos volantes, la «cara» de Marte, y la investigación sobre la consciencia. Con buenas referencias, pero es una revista para científicos.

Network: The Scientific and Medical Network Reiriew. Editada por David Lorimer, Gibliston Mili, Colinsburgh, Leven, Fife, KY9 US Scotland. Esta revista publica excelentes artículos escritos por y para científicos y médicos «ortodoxos», pero interesados en los nuevos paradigmas científicos. Su misión consiste en «profundizar en la comprensión de la ciencia, la medicina y la educación, fomentando tanto el aspecto racional como el intuitivo».

Omega: The Journal of Death and Dying. Editada por Robert Kastenbaum, Baywood Publishing, P. O. Box 337, Amityville, NY 11701. Esta publicación académica de ciencias sociales está dedicada al estudio de la muerte y temas afines.

Parabola: Myth, Tradition, and the Search for Meaning. Publicación trimestral de la Sociedad para el Estudio de la Tradición y el Mito. Society for the Study of Myth and Tradition, P. O. Box 3000, Denville, NJ 07834. Cada número está dedicado a presentar historias y mitos procedentes de diversas culturas sobre un asunto concreto, como la muerte, el miedo, el pecado, etc.

Skeptical Inquirer: The Magazine for Science and Reason. Publicada por el Comité para la Investigación Científica de lo Supuestamente Paranormal (CSICOPS) 1310 Sweet Home Road, Amherst NY 14228. Buenos artículos escritos para un público amplio. El CSICOPS es una gran organización científica dedicada a desenmascarar desde pretendidas habilidades paranormales hasta la «nueva era» o la medicina alternativa.

Índice